AF453367

MAISON RUSTIQUE.

IV.

Imprimerie de DANICOURT-HUET, à Orléans.

MAISON

RUSTIQUE,

POUR SERVIR

A L'ÉDUCATION DE LA JEUNESSE,

OU

RETOUR EN FRANCE

D'UNE FAMILLE ÉMIGRÉE;

Ouvrage où l'on trouve toutes les instructions nécessaires pour bâtir une maison de campagne, pour la meubler, pour y établir une chapelle, une bibliothèque, un laboratoire, un cabinet d'histoire naturelle, un jardin de Plantes usuelles, etc.; et tous les détails relatifs à la bâtisse d'une ferme, à l'économie domestique et à tous les genres de culture.

Tout ce que nous voulons au-delà de ce que la nature peut nous donner, est peine, et rien n'est plaisir que ce qu'elle nous offre. BUFFON.

Par madame de Genlis.

NOUVELLE ÉDITION.

Tome quatrième.

PARIS,

LECOINTE ET DUREY, LIBRAIRES,

QUAI DES AUGUSTINS, n° 49.

1826.

NOUVELLE

MAISON RUSTIQUE,

POUR SERVIR

A L'ÉDUCATION DE LA JEUNESSE.

CHAPITRE PREMIER.

Des prairies naturelles et artificielles.

Les prairies naturelles sont, comme chacun sait, ces grandes étendues de terrain où l'herbe, une fois semée, se perpétue et se multiplie d'elle-même, de manière qu'il est rare qu'on soit forcé de les ensemencer de nouveau.

On divise les prairies naturelles en prés arrosés par les pluies seulement, et en prés dans lesquels on peut à volonté conduire l'eau d'un étang, d'une rivière, d'une source, etc. Les agriculteurs conseillent de ne conserver les prairies arrosées seulement par les pluies, que selon la qualité du sol.

Les terrains qui conviennent le mieux aux prairies sont ceux qui ont de la profondeur, pourvu qu'ils ne soient ni sablonneux, ni

schisteux, ni graniteux ; ceux-là sont trop
mouvans et trop perméables. La meilleure
terre à froment est sans contredit la plus
avantageuse pour les prairies, puisque l'herbe
doit tirer du sol et des pluies, ou des irrigations, toute sa nourriture et sa croissance.

Les plantes qu'il faut choisir pour les prairies naturelles sont les graminées et les
trèfles ; toutes les autres sont parasites, et
dès lors nuisibles.

Les plantes graminées sont parfaitement
décrites par Linnée et Tournefort ; mais elles
ont toutes des noms différens d'un canton
à un autre, ce qui fait que la multitude
aura bien de la peine à les reconnoître aux
noms francisés qu'on leur donne ; néanmoins
on comprend dans cette nomenclature *la
flouve odorante graminée*, dont l'épi est
lâche et d'un pouce, ou un peu plus ; elle
est commune, plaît aux bestiaux, et donne
aux foins une odeur agréable. *Le choin de
marais, le choin noirâtre, le choin blanc,
le choin comprimé, le choin maritime ;* ces
choins étant assez rares en Europe, on en
trouve peu dans les prés. *Le souchet long,
le souchet comestible, le souchet jaunâtre* et
le souchet brun ; celles-ci sont remarquables
par leurs épillets aplatis ; les balles, sans co-
rolles, ont des écailles en recouvrement sur
deux côtés opposés, et les semences sont
nues. *Le scirpe en épingle* et *le scirpe du
gazon ;* les épillets semblables à ceux du
souchet, les écailles assez uniformes de tous

les côtés ; la semence est nichée dans un faisceau de poils. *Le vulpin des champs* et *le vulpin des prés ;* leurs fleurs sont disposées en épis cylindriques, garnis de barbe assez longue. *Le fléau des prés* et *le fléau noueux* sont remarquables par leurs épis serrés, ordinairement cylindriques et un peu ronds ; la dernière est commune dans les prés un peu humides. *Le phalaris phléoïde* et *le phalaris à vessie ;* la première se trouve dans les prés secs et sur le bord des bois ; la seconde dans des prés humides. *Le stype empenné* et *le stype joncier ;* la première croît dans les pays pierreux et montagneux, la seconde dans les pays méridionaux. *Le foin élevé* et *le foin de montagne ;* les fleurs de la première sont très-nombreuses et disposées sur un panicule de huit à dix pouces ; c'est une des meilleures plantes pour les prés secs et humides, et surtout pour les premiers ; la seconde croît dans les prairies des pays très-élevés. *La mélique penchée* et *la mélique bleue ;* ces plantes sont remarquables, parce que leurs balles contiennent des fleurs entre lesquelles on observe un corpuscule particulier qui paroît être l'élément d'un troisième : elles croissent dans les prés ombragés. *Le pâturier des prés* et *le pâturier à feuilles étroites ;* la première croît dans les meilleures prairies, et la seconde dans les prairies sèches. *La fétusque élevée, la fétusque des troupeaux* et *la fétusque flottante ;* ces plantes ne diffèrent des pâturiers que par la forme oblongue, pointue et presque cylindrique de leurs épillets. *La brome gigantesque* et *la brome rude;* la première donne beaucoup de paille et est recherchée par le bétail ; la seconde fournit des semences bonnes pour la nourriture des volailles; ses épillets sont ovales , assez gros et composés de sept à huit fleurs. *L'avoine élevée, l'avoine jaunâtre* et *l'avoine des prés;* la première est la base de nos meilleures prairies ; la seconde croît dans les prés secs, et la troisième dans les prés des contrées méridionales. *La cynosuce en créte* et *la cynosuce bleue;* la première croît dans les prés secs, et la seconde dans les prairies humides des pays montagneux. *L'ivraie vivace;* ses tiges sont hautes d'un pied et demi, et ses feuilles larges au plus d'une ligne et demie. *L'orge-seigle;* ses tiges sont très-grêles, peu garnies de feuilles, s'élèvent jusqu'à deux pieds et quelquefois davantage ; l'épi est même long d'un pouce et demi, et garni de barbes courtes et très-fines : elle croît dans les prés secs. *La hougue laineuse;* ses feuilles sont remarquables par le duvet cotonneux dont leur graine est chargée, elle croît dans les prés secs. *Le caret dioïque* et *le caret printanier;* ces plantes sont hermaphrodites, c'est-à-dire qu'elles portent sur le même pied des fleurs mâles et femelles; elles sont communes dans les prés humides.

Quant aux trèfles qui peuvent être conservés dans les prés, ce sont *le grand trèfle rouge*, vulgairement appelé *trèfle de Piémont*, *le trèfle des prés à fleur purpurine*, *le trèfle à fleur blanche*, et *le trèfle des montagnes;* toutes les plantes de ce genre fournissent une bonne nourriture aux animaux de basse-cour; une grande partie croît spontanément avec les autres herbes des prairies, particulièrement des prairies sèches; mais toutes ne sont pas également utiles; quelques espèces sont annuelles, d'autres ont leurs feuilles tellement couchées sur terre et leurs tiges si peu élevées qu'elles glissent sous la faux.

Après avoir indiqué et décrit toutes les plantes utiles, il faut en faire autant pour les plantes parasites. Par ce mot on entend toutes les plantes qui sont inutiles ou nuisibles au succès d'une bonne prairie : dans ce genre sont l'arrête-bœuf, la bardane, la bétoine, la berse, le bluet ou barbeau, le boucage, brunelle, bugle, caille-lait blanc et jaune, les différentes espèces de carottes, la petite centaurée, toutes les espèces de chardons, les ciguës grandes et petites, coquelicots, consoude, cuscute, eufraise, les fougères et toutes les espèces de plantes de cette famille; les jacées, les jacobées, l'herbe à épervier, l'herbe à coton, toutes les espèces de genêts, le laiteron, la linaire, le lin sauvage, toutes les espèces de liserons, les lotiers, les mousses, l'œil-de-bœuf, l'oncaute, toutes les espèces d'oseilles, pâquerettes ou petites marguerites, patience ou parelle, pédiculaire, pimprenelle, pissenlit, tous les plantins, les prêles, la ptarmique, la quinte-feuille, les ronces, surtout les renoncules, dans les prairies humides ; la renouée ou traînasse, les scabieuses, la tormentille, toutes les espèces de tithymales et autres plantes lactifères de cette famille ; la velvotte, la violette, les verveines et la vipérine.

L'exposition d'une prairie n'est pas indifférente ; celle qui jouit des premiers rayons du soleil levant et un peu du midi est la meilleure ; après vient l'exposition du midi plein, qui est moins favorable ; l'exposition du couchant est encore inférieure ; mais la prairie exposée au nord est la plus mauvaise.

Les prairies de la plaine, toutes circonstances égales, donneront plus d'herbes que celles des coteaux ; mais le fourrage en sera d'une qualité bien inférieure. L'herbe courte et fine des montagnes produit moins et nourrit mieux ; la qualité et la quantité du fourrage dépendent donc, 1° de l'exposition ; 2° du sol ; 3° du genre d'irrigation ; 4° de l'espèce ou des espèces d'herbes qui font la base de la prairie. Aussi les rations qu'on donne aux animaux, quoique égales en poids, produisent souvent des effets bien différens : telle ration de fourrage est quelquefois surabondante pour la nourriture d'un animal, tandis que telle autre ration du même poids est insuffisante ; la cause tient aux différens sols qui les ont produits.

Les arbres sont nuisibles dans les prairies, surtout dans celles qui sont susceptibles d'irrigation; leur ombre nuit à l'herbe, la rend courte, aigre et de mauvaise qualité. Quelques espèces d'arbres, à la vérité, y prospèrent, mais ce n'est jamais qu'aux dépens de la prairie : ainsi donc un propriétaire intelligent détruira tous les arbres, et ne conservera que ceux qui, par exemple, sont placés le long du chemin, aux bords des rivières et des ruisseaux; dans cette situation, loin de nuire au sol, ils le conservent, par l'entrelacement de leurs racines, qui forment une digue contre l'impétuosité des eaux courantes.

L'irrigation est l'arrosement par le moyen d'une eau courante; mais pour cela il faut avoir la facilité de se procurer de l'eau et une pente sur l'endroit qui doit être arrosé. Le choix des eaux, quand on peut le faire, n'est pas indifférent; l'eau des ruisseaux et des rivières est, à peu de chose près, à la température de l'atmosphère, et on peut l'employer telle qu'elle est; il n'en est pas de même des eaux de source ou de puits, qui ordinairement pendant l'été sont de dix, douze, et même quatorze degrés au-dessous de la chaleur atmosphérique; cette différence considérable nuit singulièrement à la végétation des plantes. Il faut donc, lorsqu'on est forcé d'avoir recours à ces eaux pour l'irrigation, avoir des retenues où on les fait séjourner assez long-temps pour s'échauffer , parce qu'à mesure qu'on les vide on les remplit de nouvelle eau.

C'est le climat qui doit être le régulateur des irrigations ; mais il ne faut y avoir recours que lorsque les gelées blanches ou tardives ne sont plus à craindre : on doit les donner une heure ou deux avant le lever du soleil ; quand il fait plus chaud , la bonne irrigation est celle qui commence après le soleil couché. Si on arrose pendant la journée, au fort de la chaleur, on court risque de voir l'herbe rouillée , et par conséquent très-défectueuse.

Lorsque la masse totale de l'herbe commence à fleurir on doit cesser l'irrigation jusqu'à ce que la fleur soit passée, et même jusqu'à la coupe des foins, dans les contrées du Nord.

Voyons ce qu'on entend par prairies artificielles : ce sont celles qui ne sont semées que pour un temps plus ou moins long , suivant la qualité des plantes et les effets qu'elles doivent produire; telle est la luzerne , le grand trèfle et le sainfoin ou esparcette ; les plantes de second ordre sont les raves , les raiforts ou turneps, les carottes, les betteraves rouges ou jaunes , les choux-chèvres, les choux - navets ou choux de Sibérie, les pois , les vesces, la spargule, les fèves , etc. ; enfin toutes les herbes que l'on sème pour en retirer pendant un temps la nourriture du bétail, et dont on enfouit ensuite les feuilles, les tiges et les racines ;

telle est en général la base de toute prairie artificielle.

Les racines de toutes ces plantes étant pivotantes , elles ont besoin d'un sol profond. D'ailleurs, destinées à alterner la culture des champs , elles réussissent parfaitement dans les terres à blé, et leur rendent plus de principes qu'elles n'en ont reçu. Cependant le trèfle et la luzerne exigent un sol plus riche que l'esparcette, qui est le véritable sainfoin ; celle-ci se cultive comme la luzerne, et subsiste dans sa force pendant six ans. Dès qu'elle commence à déchoir, on la renverse en automne, et on donne un second labour au printemps pour semer du grain.

Enfin, d'après toutes les expériences qui ont été faites , il paroît que les herbages artificiels réussissent très-bien presque partout, qu'ils donnent un excellent fourrage et en quantité, qu'ils réparent la déperdition des sucs de la terre, lorsqu'après les premières récoltes on les enfouit, et que cette méthode de cultiver , à tous égards, est celle qu'on doit préférer, 1° parce que la terre ne repose jamais ; 2° parce qu'on rend à la culture des blés une portion immense de terrain destiné à la nourriture des bestiaux.

CHAPITRE II.

De la culture des plantes propres aux teintures et aux manufactures.

On distingue parmi les plantes pour les teinturiers, la garance, le pastel, le safran, le carthame, la gaude, etc.; et parmi celles propres aux manufactures, le chardon-bonnetier, le kali ou soude, et le varech.

La garance est une des plantes les plus recherchées pour les teintures.

Comme les racines de la garance sont pivotantes, traçantes et fibreuses, elles exigent une terre légère, douce, bien nourrie, légèrement humide, et qui ait du fond; sans cela, les racines prendroient peu d'accroissement.

La garance se sème à la volée et en pépinière : la première méthode est préférable dans les pays tempérés ou septentrionaux ; la seconde est indispensable dans les contrées méridionales, à moins qu'on n'ait la faculté d'arroser la garance par irrigation. On sème encore à la main en suivant les sillons ; cette dernière méthode facilite singulièrement la culture, en ce qu'il est plus facile au printemps et en été de sarcler les rangées sans nuire aux bonnes plantes. On évalue à dix livres au plus la quantité de semences pour quatre cents toises carrées ; il faut que chaque pied soit espacé de cinq à six pouces ; tout autre conseil est contradictoire avec le travail de la plante, dont le succès le plus avantageux est qu'elle puisse pivoter à l'aise, et s'approprier les sucs nécessaires au développement des racines. C'est dix-huit mois après l'époque des semailles que se fait la récolte en Flandre. Malgré cet usage, il est infiniment plus profitable de ne récolter qu'à la fin de la troisième année, parce qu'alors les racines sont plus fortes et plus imprégnées des parties colorantes.

L'opération qui doit suivre la récolte des racines est celle de la dessiccation, qui s'opère en déposant ces racines sur des claies, sous un hangar, à couvert du soleil et de la pluie, et exposées au courant d'air; on les y laisse plusieurs jours, jusqu'à ce qu'elles soient devenues molles comme des ficelles, et qu'en les tordant on ne fasse plus sortir de jus. C'est là, dit Dambournay dans son mémoire, imprimé en 1771, le point à saisir pour brusquer la dessiccation, soit au soleil, soit dans des fours dont on vient de retirer le pain, et dont on laisse l'étoupais entr'ouvert, afin que les vapeurs aient une libre issue. Il faut ordinairement qu'elles y passent deux fois de suite; et lorsqu'elles sont cassantes et sonnantes presque comme des filets de verre, on les porte sur l'aire d'une grange, où on les bat légèrement avec le fléau : ainsi brisées, on les vanne pour en séparer la terre et la surpeau grise ou l'épiderme. On les jette à la pelle sur un crible d'osier très-incliné, pour en assortir à peu près la grosseur ; enfin, elles sont en état de passer au moulin.

On fait quelquefois le choix des plus belles racines, parce que c'est d'elles qu'on obtient la plus belle poudre jaune, et on les fait moudre séparément.

Pastel ou *guède*. — *Isatis*.

Cette plante croît naturellement dans plusieurs contrées de l'Europe, et principalement sur le bord de la mer Baltique. Elle ne craint point les plus fortes gelées.

Autrefois on cultivoit plus abondamment le pastel qu'aujourd'hui. Avant la découverte de l'Amérique elle étoit la seule plante dont on pût obtenir une teinture bleue solide ; l'introduction de l'indigo dans nos fabriques l'en a presque expulsée ; je dis presque, parce qu'on y a reconnu que son union avec l'indigo augmentoit la fixité et l'intensité de la couleur que cette dernière fécule donne aux laines, et qu'en conséquence on l'y emploie toujours, mais en petite quantité.

La cause qui a fait préférer l'indigo au pastel, vulgairement appelé *guède* ou *guesde*, *vouède*, malgré son infériorité, c'est qu'il est bien plus riche en parties colorantes, et que quoique venant de loin, et produit par des mains esclaves, c'est-à-dire étant beaucoup plus cher, il est cependant d'un usage plus économique.

Quoi qu'il en soit, cette plante ne mérite pas moins toute l'attention des cultivateurs français, non-seulement sous le rapport cité plus haut, mais encore comme propre à nourrir les bestiaux pendant tout l'été, et même pendant tout l'hiver ; c'est-à-dire à une époque où les alimens verts leur sont le plus nécessaires.

C'est dans les environs de Toulouse, dans ceux d'Avignon, non loin de Caen et de Valenciennes, qu'on cultive le plus le pastel : celui des contrées énumérées les premières est plus recherché, comme contenant davantage de parties colorantes, avantage qu'il doit uniquement à la chaleur du climat.

Une terre substantielle et profonde est celle qui convient exclusivement au pastel destiné à la teinture, parce que plus ses feuilles sont grandes et nombreuses, et plus il y a de bénéfice à en tirer ; il faut de plus qu'elle ne soit pas trop argileuse ni trop humide, parce que, dans le premier cas, les racines ne pénétreroient pas assez facilement, et que, dans le second, les feuilles pourriroient. Celui qu'on sème dans l'intention d'en nourrir les bestiaux doit l'être dans la plus médiocre, car il y auroit de la perte à faire autrement. En Angleterre on lui consacre toujours, au rapport d'Arthur Young, de vieux prés qu'on veut rompre, et dont les cultivateurs voyageurs, ce sont ses expressions, paient par an, pour deux ans, une rente triple de la rente ordinaire ; ce qui démontre suffisamment les avantages de la culture.

Il y a deux variétés de pastel : l'une plus petite, plus velue, à graine jaune ; l'autre plus grande, presque glabre et à graine violette. C'est cette dernière qui mérite la préférence, non-seulement à raison de sa grandeur, mais encore parce que la poussière est moins retenue par les feuilles, et que la pâte qu'on en fabrique est moins impure.

On doit, par un ou deux labours profonds faits avant et pendant l'hiver, préluder à celui qui précède immédiatement les semailles.

Si l'on veut tirer tout le parti possible de la culture du pastel, il ne faut pas épargner le fumier, et le fumier bien consommé avant le dernier labour.

Il est bon de diviser le terrain en planches bombées, de trois à quatre pieds de large, et de donner par des rigoles convenablement disposées de l'écoulement aux eaux, si on a lieu de craindre leur abondance.

C'est au mois de février qu'on sème ordinairement le pastel. Sa graine doit être répandue très-clair, car chaque pied occupe beaucoup d'espace (dix-huit à vingt pouces de diamètre). Dans quelques endroits on le sème en rayons, et cette pratique est dans le cas d'être recommandée.

Lorsque le pastel est levé, et qu'il a déjà acquis une certaine force, c'est-à-dire vers le mois d'avril, plus tôt ou plus tard, selon le climat, il convient de le débarrasser des pieds qui sont foibles et trop rapprochés des autres, et de lui donner un binage.

Les feuilles du pastel commencent à mûrir en juin, elles sont bonnes à cueillir lorsqu'elles ne peuvent plus se soutenir droites et qu'elles jaunissent. Il est très-important de faire cette opération par un temps sec, non-seulement pour qu'elle s'exécute plus facilement, et que les feuilles soient moins chargées de terre, mais encore par une autre raison qui sera développée plus bas.

La récolte du pastel se fait de deux manières : on le coupe avec une faucille ou avec une faux ; ces deux manières ont des avantages et des inconvéniens, qui probablement se compensent. Il me semble que si, comme l'assurent les cultivateurs, et comme la théorie l'indique, la maturité est nécessaire pour obtenir une abondante et bonne fécule, il faudroit n'ôter que les feuilles qui se sont affaissées sous leur propre poids, qui ont commencé à jaunir, c'est-à-dire les plus basses, et laisser celles du centre jusqu'à ce qu'elles soient à leur tour parvenues à maturité ; il est possible que ce soit à cette vicieuse pratique que soit due la mauvaise nature et la petite quantité de fécule que donnent nos pâtes de pastel. Je hasarde cette idée en faisant des vœux pour qu'on prouve, par des expériences positives, sa justesse ou sa fausseté ; car, quoique j'aie vu des cultures de pastel, je manque de données positives sur beaucoup de cas qui les concernent.

On fait aussi pendant l'été trois et quelquefois quatre coupes de pastel, suivant que le sol est plus fertile et la saison plus favorable.

Les pieds de pastel destinés à donner de la graine ne sont dépouillés que deux fois de leurs feuilles; mais j'observe qu'il vaudroit beaucoup mieux ne pas les en dépouiller du tout, d'après le principe que les graines sont d'autant meilleures que les pieds qui les fournissent sont plus vigoureux, et que les pieds qui résultent de cette graine sont d'autant plus vigoureux qu'elle est meilleure, c'est-à-dire plus grosse, mieux nourrie, comme disent les jardiniers.

La première récolte est la meilleure, soit pour la quantité, soit pour la qualité; on devroit en mettre à part les produits. Les suivantes vont toujours en se détériorant.

Entre chaque récolte il seroit bon de donner un binage, mais on se contente ordinairement d'un simple sarclage.

Comme les feuilles de pastel sont très-aqueuses, il est difficile de les garder en masse pendant plusieurs jours, surtout s'il fait chaud, sans qu'elles s'altèrent; aussi est-on dans l'usage de les porter de suite au moulin, c'est-à-dire un ou deux jours après leur récolte; car il est bon qu'elles aient perdu un peu de leur eau de végétation, et qu'elles soient fanées. Pendant ce temps on les étend sur une terre nue, ou mieux sur une pelouse, et on les retourne souvent.

Le moulin dont il vient d'être parlé est un moulin à huile. On triture sous sa meule les feuilles de pastel, de manière à les réduire en une pâte homogène. Ce sont les cultivateurs qui font aussi faire cette opération.

Lorsque toutes les feuilles de la récolte sont réduites en pâte, on compose de cette pâte, bien pressée avec les pieds et les mains, sous un hangar, et quelquefois, mais à tort, à l'air libre, des piles plus ou moins grosses, et dont on unit la surface le mieux possible. Là, elle fermente, la fécule bleue se développe, il se forme à la surface une croûte noire très-dure, qui empêche les élemens gazeux de s'évaporer trop rapidement, et qui, en conséquence, lorsqu'elle se fendille, ce qui arrive toujours, est rétablie sans retard avec de la pâte prise dans un autre petit tas réservé à cet effet.

Il faut ordinairement quinze jours (deux ou trois, plus ou moins, selon la chaleur de la saison) pour que la pâte ait produit tout son effet ; on reconnoît qu'elle a cessé de fermenter à la diminution de son odeur ammoniacale d'hydrogène phosphoré, qui, dans les premiers jours, affecte si péniblement l'odorat et les yeux. Alors on brise la pile, on mélange la croûte avec la pâte, et on forme du tout, à force d'en comprimer des portions avec les mains, des boules du poids d'une livre, auxquelles on donne ensuite une forme allongée dans un moule. C'est dans cet état qu'après avoir été desséché on livre le pastel au commerce.

La dessiccation du pastel en boule se fait naturellement dans des greniers. Si la saison étoit humide il seroit bon de le mettre dans des étuves ; il pourrit si elle n'est pas promptement amenée à un point convenable. En Thuringe, on l'accélère au moyen des soufflets.

On dit que les boules de pastel, qu'on appelle dans quelques endroits florée et cocagne, augmentent toujours en qualité pendant l'espace de dix ans, c'est-à-dire que le développement de la matière féculente continue de s'y faire.

Je dois signaler ces cultivateurs de pastel, la honte de leur état et de leur patrie, qui, par l'espérance d'une petite augmentation de revenu, mêlent de la terre, des feuilles et autres matières avec leur pâte, au moment de la former en boule, et portent ainsi un discrédit désastreux sur le commerce de cette denrée en France : c'est bien dans ce cas que le gouvernement devroit infliger des punitions sévères ; car ce n'est pas seulement une commune, un département qui souffrent de cette friponnerie, c'est la France tout entière.

Après avoir lavé les feuilles du pastel, on les met dans une cuve oblongue aux trois quarts pleine d'eau, et on les y assujettit avec des pièces de bois. La fermentation ne tarde pas à se manifester à la surface de l'eau, qui doit recouvrir la totalité des feuilles, par une écume bleuâtre.

Lorsqu'elle est arrivée à un certain degré, on soutire l'eau, qui est alors teinte en vert foncé; on la passe à travers un linge, on lave le reste des feuilles, et l'eau qui a servi, après avoir été également passée, est réunie à l'autre. Cela fait, on verse dans cette eau de l'eau de chaux dans la proportion de deux ou trois livres (selon la force), par dix livres de feuilles employées, et on agite fortement pendant quelque temps. La fécule se dépose par le repos, et on soutire l'eau qui la surmonte. Cette feuille est ensuite mise dans des filtres de toile, connus sous le nom de chausses d'Hippocrate ; et quand elle y a perdu son eau surabondante on la lave en lui en donnant de nouvelle jusqu'à ce que la dernière sorte claire, puis on la coupe en morceaux et on la fait sécher à l'ombre.

Si on ne met pas assez d'eau de chaux, on a moins de fécule ; si on en met trop, cette fécule est d'une qualité inférieure.

La graine de pastel conserve pendant deux ans sa faculté germinative, mais la plus nouvelle est toujours la meilleure ; on la conserve aussi long-temps que possible, attachée aux tiges même qu'on a coupées au moment de sa maturité, et transportées dans un grenier défendu des ravages des rats et des souris.

Les excrémens des souris, soit dit en passant, qui ont mangé des graines bleues de pastel, sont bleus eux-mêmes; ils peuvent être employés avec succès à la peinture en détrempe.

Le safran est une autre plante de teinture; elle est bulbeuse, et croît facilement dans les pays froids ou chauds. On la multiplie 1° par semences, mais sa végétation alors est longue; 2° par ses bulbes, qui croissent tous les ans en quantité; on les plante au printemps, par sillons égaux et distans les uns des autres de six pouces : ces bulbes ne produisent que des feuilles la première année, et ne donnent leurs fleurs qu'en novembre l'année d'ensuite.

Le but de cette culture est la récolte des fleurs, qui sont d'un très-grand usage pour les peintres en miniature, pour les teinturiers, à qui elles fournissent une très-belle couleur : les pistils de ses fleurs sont très-considérés, on les emploie dans la médecine et dans les apprêts de cuisine. Les fanes et pétales de cette plante servent de fourrages aux bestiaux.

Comme les fleurs ne durent qu'un ou deux jours après leur épanouissement, il faut se hâter de les cueillir, ce qui doit avoir lieu au lever et au coucher du soleil; on sépare ensuite les filamens du milieu de la fleur, qu'on fait sécher; quelques jours après la première exfoliation on en fait une seconde, et ainsi de suite pendant trente jours.

Cette plante est délicate, et outre les inconvéniens des climats, elle éprouve une maladie bien funeste , qu'on appelle *la mort* ; la cause de cette maladie provient d'une plante parasite qui dévore les substances des bulbes du safran ; il faut l'en préserver en déracinant la plante au moins à six pouces.

Dès que les fleurs sont passées , on retire les bulbes , qu'on garde dans un lieu sec sans les couvrir de terre , mais éloignées des rayons du soleil , dans la crainte qu'elles ne se dessèchent : cependant il faut qu'elles mûrissent avant d'être replantées de nouveau au printemps.

Le safran bâtard s'appelle *carthame*, et est connu dans le commerce sous le nom de *safranum*. Les marchands de mauvaise foi mêlent souvent les fleurs de carthame avec celles du véritable safran, parce que le prix des premières est bien inférieur à celui des secondes ; on reconnoît aisément la fraude, en considérant les fleurs séparément ; on voit alors que la partie fibreuse du safranum est étroite , et sa couleur beaucoup plus pâle que celle du safran.

Les fleurs du safranum fournissent une teinture , et on prépare avec leurs étamines une couleur qu'on nomme vermillon d'Espagne ou laque de carthame.

Le carthame aime un terrain sec , meuble, et qui a du fond , à cause de sa racine pivotante. On le sème , suivant le climat où on se trouve , et quand on n'a plus de gelées à craindre , attendu qu'en semant trop tard, dans les contrées septentrionales , on n'a pas le temps de récolter les graines noires pour les semis suivans, et qu'on est alors dans la nécessité de tenir de nouvelles graines du midi chaque année. Il faut semer à la volée et de manière que chaque pied soit éloigné de dix à douze pouces de son voisin ; on peut encore semer par sillons et herser ensuite, le semis en vaudra beaucoup mieux. Il est nécessaire de sarcler souvent, de serfouir quelquefois, et d'éclaircir les plants trop épais : telle est la culture qu'exige le carthame.

On recueille les fleurs dès qu'elles commencent à s'ouvrir, car leur trop grand épanouissement nuit à la beauté de la couleur ; on les porte aussitôt dans un lieu à l'abri du soleil, où il y ait un courant d'air pour les faire dessécher ; on les tient ensuite dans un lieu sec, renfermées dans des sacs ou dans des caisses. Quand le carthame est de couleur terne ou peu nette, c'est une preuve que la fleur a été mal desséchée, et que la partie colorante, qui est son point esentiel, est attaquée.

On nomme gaude, et plus particulièrement vaude, une herbe propre à jaunir ; sa culture est infiniment utile et très-avantageuse dans les pays où les manufactures de draps sont multipliées, ou bien où l'on peut exporter ces plantes sans beaucoup de frais : elle est aussi essentielle à la teinture jaune et verte que la garance l'est à la rouge.

Sa racine est pivotante, et conséquemment indique assez le sol qui lui convient et la culture qu'elle exige ; il suffit de dire que , plus la terre sera défoncée, plus on l'aura rendue substantielle , plus la racine pivotera , et plus la plante s'élèvera , unique objet de cette culture.

Cette plante peut se semer avant comme après l'hiver ; chacun, à cet égard, peut consulter son climat. La graine est infiniment petite ; et pouvant tromper la main et l'attente du cultivateur , à cause de la difficulté de l'espacer uniformément, le seul moyen est de la mélanger avec un sable un peu gras et humide ; elle s'y colle , et, jetée dans les champs, elle est plus également répartie. Si la gaude est semée trop clairement dans un terrain substantiel , elle devient branchue , et alors elle n'est plus si avantageuse aux teinturiers , qui lui préfèrent la gaude sauvage : la meilleure est celle qui n'a qu'un brin. Cette graine demande à être peu enterrée ; si elle l'est trop , elle ne germera pas ; mais le labour d'ensuite la fera pulluler de toutes parts, et elle affamera le blé qu'on pourra semer l'année suivante , si on ne sarcle scrupuleusement.

Les soins que la gaude exige se réduisent à purger le sol des mauvaises herbes , et à regarnir les places vides, en espaçant les plantes qui sont trop voisines les unes des autres ; l'espace qu'il doit y avoir entre elles sera de trois à quatre pouces au plus.

La maturité s'annonce d'une manière visible ; l'écorce perd sa couleur verte, se

change en jaune ; la graine enfin est mûre :
c'est alors le temps de tirer la plante de
terre.

Il faut, pour cette opération, choisir un
jour humide, afin que la graine tombe moins ;
on doit arracher la gaude avec ses racines,
quoiqu'elles ne soient que très-peu colorantes ; cependant, quand on coupe les tiges
ras de terre, il pousse de nouvelles feuilles
qui sont un excellent fourrage pour les troupeaux.

A mesure que la récolte se fait, on forme
des petits paquets qu'on lie avec de la paille,
qu'on réunit ensuite en plus gros pour les
porter à la métairie ; là, on détache les paquets pour placer chaque brin perpendiculairement contre les murs, les haies, etc., où
on les laisse exposés à toute l'activité du soleil, pendant un, deux ou trois jours, suivant la chaleur du climat ; ensuite on étend
des draps sur le sol, on y bottelle les brins en
paquets de douze à quinze livres, et les
capsules qui renferment la graine la laissent
échapper sur les draps. Après cela on réunit
ces bottes dans les greniers ou hangards où
règne un courant d'air ; si elles étoient amoncelées encore humides, la fermentation s'y
établiroit, et la partie colorante et pulpeuse
seroit bientôt altérée.

Le chardon dit à bonnetier est utile par
sa tête cylindrique, allongée et garnie de cro-
chets fins et roides. La racine de cette plante
est pivotante ; la terre qui convient au chanvre

est aussi celle qu'il lui faut; elle réussit cependant dans des sols argileux et crayeux, pourvu que ce soit dans un climat où les pluies soient fréquentes. La terre doit être défoncée profondément et bien ameublie, sans cela la racine ne pourra pivoter, et la végétation sera chétive.

Les uns sèment à la volée et hersent ensuite; d'autres, quand la terre est bien préparée, font des trous d'un pouce de profondeur, y jettent trois ou quatre graines et les recouvrent; on laisse entre ces trous l'espace d'un pied en tous sens.

Dès qu'il y a des têtes de mûres dans le champ, ce qui est indiqué par la chute des fleurs du calice, on coupe la tige à la longueur d'un pied; on les met par paquets de cinquante, qu'on lie avec de l'osier, et qu'on transporte sous des hangards, où les paquets doivent être suspendus à des cordes, les têtes en bas, afin qu'un libre courant d'air les dessèche plus vite. Quand la dessiccation est complète, on secoue les paquets sur des planchers bien nets, afin de recueillir la graine, et on les porte dans un lieu où l'on ne craint pas l'humidité; on les y dépose en monceaux afin qu'ils tiennent moins de place. Comme les têtes ne mûrissent pas toutes en même temps, on ne fait la récolte qu'à mesure.

Le kali ou soude est une plante dont on obtient la soude par l'ignition. Cette soude est la meilleure à employer dans nos manufactures; elle se tire des côtes d'Espagne,

et surtout d'Alicante, où le kali croît spontanément. Comme il peut être cultivé avec succès dans nos contrées méridionales, et que
même il l'étoit autrefois dans le Languedoc,
je crois qu'il est essentiel qu'on y introduise
de nouveau cette culture, dont les résultats
sont si avantageux à nos établissemens.

C'est sur les bords de la mer qu'il faut cultiver cette plante; elle a besoin de s'imprégner des sels marins, qu'on retrouve en quantité en distillant l'eau provenue de sa coc-
tion. Sa racine pivotante annonce qu'il lui
faut un terrain profondément défoncé et bien
ameubli. Ses moyens de reproduction sont
les semences qu'on jette en terre en même
temps que le blé; mais cette plante, longue
à se développer, n'est dans sa parfaite maturité qu'en automne.

Comme on apporte le plus grand soin à la
fabrication de la soude, il faut faire la récolte
avec beaucoup de précaution. On commence
par détacher de la plante les rejetons les plus
mûrs, qu'on étend sur une aire, pour les faire
sécher au soleil; on continue le même procédé jusqu'à ce que la récolte soit enfin terminée; on ramasse les graines qui sont tombées d'elles-mêmes, on s'occupe ensuite du
brûlement des plantes, qui se fait dans des
grands trous pratiqués en terre, et bouchés
de manière qu'il n'y entre que peu d'air.

On trouve sur les bords de la mer une
plante que l'on appelle varech, et que les
habitans ont soin de ramasser scrupuleuse-

ment, les uns pour amender leurs terres, car c'est un excellent engrais végétal, vu qu'il contient beaucoup de sel marin ; les autres pour faire une branche de commerce infiniment étendue, très-utile, et qui leur est fort avantageuse.

Après avoir fait un amas considérable de varechs, ils les brûlent à peu près comme nous venons de dire qu'on fait du kali, c'est-à-dire dans des trous ou espèces de fourneaux qu'ils pratiquent au pied des falaises. Il résulte de cette opération une soude moins parfaite à la vérité que celle qui vient du kali, mais dont on se sert avec succès dans les manufactures où les ouvrages n'exigent pas la soude délicate.

CHAPITRE III.

De la culture du tabac.

LE meilleur tabac, disent les auteurs du Cours d'Agriculture, est celui de Virginie. On ne parlera ici que de la culture qui s'en fait en Hollande et en France. Cette culture est très-étendue, les seules provinces de Gueldre et d'Utrecht produisent annuellement onze millions de livres de tabac, dont trois millions étoient autrefois vendus à la ferme générale de France. Dans ce pays, principalement aux environs d'Amersfort, on sème

la graine de tabac sur de grandes couches
en bois, hautes de trois pieds, larges de dix,
et d'une longueur indéterminée. Elles sont
environnées à l'extérieur par une masse de
fumier de litière de cochon et de mouton,
et jusqu'à la hauteur des planches de la couche ; l'intérieur est garni du même fumier
à la hauteur de deux pieds, et d'un pied de
terre fine, meuble et bien fumée.

Pendant que la graine germe, et que la
plante croît et se fortifie sur cette couche,
on en prépare d'autres dans le voisinage, d'un
genre différent. On creuse le terrain à quelques pouces de profondeur, pour faire une
seconde couche ; elles sont séparées les unes
des autres par un sentier de six à huit pouces
de largeur ; leur base est de deux pieds et
demi, leur hauteur de deux pieds, leur talus
de trois pouces ; de sorte que dans le haut
il n'y a que deux pieds de largeur sur une
longueur indéterminée. Leur direction est du
nord au midi. A six ou huit pouces de hauteur au-dessus du niveau du fossé on met
un lit d'un pouce et demi d'épaisseur de
fumier de mouton très-fin et très-menu, par-
dessus six pouces de terre bien fumée, et
ainsi de suite, lit par lit, jusqu'à la hauteur
désignée. Les sentiers offrent deux avantages : le premier de conduire les eaux, et le
second de procurer la commodité de sarcler.
Quelquefois ces planches ou couches ont plus
ou moins de hauteur, selon que le terrain
est plus ou moins humide ; mais leur largeur

supérieure ne varie guère que de deux à trois pieds. C'est sur des couches ainsi préparées qu'on transplante avec les précautions ordinaires les jeunes pieds de tabac ; et pour tirer parti des couches à semis qui restent alors libres , on sème sur celles-ci de la laitue , du céleri et d'autres légumes ; les plants de tabac sont enfoncés en terre jusqu'à la naissance des feuilles , et distans l'un de l'autre d'un pied et demi ; ils sont disposés en quinconce et forment deux rangs sur chaque planche.

Les champs de tabac , en Hollande , sont environnés de haies très-élevées , ou de plantations d'arbres , sans doute pour garantir les plantes des coups de vent. On donne à ces plantes, jusqu'à l'époque de leur maturité , à peu près les mêmes façons qu'en Amérique, c'est-à-dire qu'on les sarcle ou arrose au besoin , qu'on les étête, qu'on les ébourgeonne , etc.

Après qu'on a ébourgeonné les plantes , on commence à cueillir les feuilles de la seconde et troisième qualité. La troisième qualité se compose des plus petites et des plus mauvaises feuilles, qui sont tout-à-fait au bas de la tige ; celles qui sont placées immédiatement au-dessus , au nombre de cinq ou six, composent la seconde qualité. On cueille les unes et les autres en même temps ; mais on les trie ensuite dans la case à suerie ou séchoir. Pendant qu'elles sèchent on ébourgeonne de nouveau les plantes et on les veille, afin de pouvoir cueillir à propos les feuilles qui restent et qui forment la première qualité ; car si on laisse jaunir le tabac sur pied, il perd de sa force, est moins maniable, et se dégrade facilement. Ces deux récoltes sont l'ouvrage des femmes : elles enlèvent les feuilles le plus près qu'il est possible de la tige, dont elles arrachent même la pellicule, afin d'avoir plus de poids.

Après les préparations convenables, on met le tabac en manoques, et on l'emballe par parties de douze, treize, quatorze et quinze cents livres, dans des mannes, des nattes et des boucauts.

Le tabac, dit Jansem (Méthode de cultiver le tabac pratiquée en Hollande), celui surtout qui est exposé en plein champ, craint les grands vents, les fortes pluies accompagnées de vent, et particulièrement la grêle, qui enlève quelquefois en un moment au planteur tout le fruit de son travail. Pour prévenir ce malheur autant qu'il est possible, on partage un champ de terre en plusieurs carrés, savoir, trente à trente-six par arpent. On entoure ces carrés de fagots de chêne, d'aulne, de saule, ou même de hêtre ; mais la première espèce de bois est sans contredit la meilleure pour cet effet, et peut demeurer deux ans sur pied, tandis que les autres espèces doivent être changées tous les ans. Pour planter ces palissades on fait avec la bêche de profondes rigoles que l'on comble ensuite quand les fagots s'y trouvent. Ces abris, ou brise-vents, garantissent les plantes des effets du vent et de la pluie; ils servent aussi d'espèces de rames pour les haricots, qui aiment une terre haute et fumée, telle que doit être celle qu'on destine à la culture du tabac. Ces haricots contribuent en même temps à mettre le tabac en sûreté contre les intempéries de l'air. Au bout de deux ans on enlève ces haies, qui servent de bois de chauffage, et on en plante d'autres.

Quelques cultivateurs retirent les trognons de tabac de la terre, et les font servir, avec les rejets de la tige, à former un engrais qu'ils répandent sur les terres labourables; mais il vaut mieux pour les terres à tabac les y laisser pourrir en les mettant en pièces, lorsqu'on retourne au printemps le terrain avec la bêche.

Culture du tabac dans les départemens du Haut et du Bas-Rhin.

Dès le mois de mars, ou même plus tôt, selon la saison, on sème le tabac dans les jardins, sur des couches ou sur des planches bien soignées et entretenues d'engrais. On couvre ces couches et ces planches avec des paillassons, ou avec de la paille qu'on lève tous les jours vers les neuf heures du matin, lorsque le soleil paroît, et qu'on remet au soleil couchant.

Dès que les jeunes plantes ont deux ou quatre feuilles, elles sont bonnes à transplanter; cette transplantation se fait communément depuis la fin d'avril jusqu'à la mi-juin; les plantes sont disposées, autant qu'il est possible, en lignes droites et espacées convenablement, de manière que dans la suite les feuilles ne puissent pas s'étouffer entre elles lorsqu'elles auront acquis toute leur grandeur.

Huit jours après la transplantation, on remue légèrement la terre avec une petite pioche, et pendant les six semaines ou les deux mois suivans on la retourne au moins à deux fois différentes. S'il survient de grandes chaleurs ou des temps pluvieux, on est obligé de le récolter avant sa maturité; il ne donne alors que des feuilles minces, maigres et courtes, qui même étant séchées restent vertes, et ne peuvent, par cette raison, être employées qu'à faire du tabac à fumer.

Les jeunes tabacs nouvellement transplantés demandent de la chaleur, mais sans sécheresse, au moins jusqu'à ce qu'ils aient pris racine et qu'ils soient parvenus à peu près à la moitié de leur croissance.

Dans ces départemens, on distingue trois espèces de feuilles sur les pieds de tabac; savoir, les bonnes feuilles, les feuilles de terre et les petites feuilles.

Les bonnes feuilles, parmi lesquelles il y a aussi beaucoup de choix, tant pour la qualité que pour la beauté, sont celles qui se trouvent vers le milieu et dans la partie supérieure de la plante.

Les feuilles de terre sont celles qui, placées

au bas de la plante, touchent pour ainsi dire le terrain.

Les petites feuilles sont de deux espèces; les unes viennent aux petites branches que poussent les plantes presqu'auprès de chaque feuille, quand les têtes leur sont enlevées, on les nomme gitzen; les autres ne sont autre chose que les trois ou quatre petites feuilles qui se trouvent aux tiges au moment de la transplantation. Ces dernières sont au-dessous des feuilles de terre, et s'appellent feuilles de cœur.

Dans un été pluvieux et humide, beaucoup de bonnes feuilles, et même des feuilles de terre, prennent des taches couleur de fer, et deviennent comme galeuses. Ces taches ne s'en vont pas à la fabrication, excepté celles qui, étant d'une certaine intensité, finissent par se changer en trous quand la feuille est sèche. Les feuilles qui n'ont point de taches restent toujours minces et légères, et leur qualité est inférieure à celle des feuilles qu'on récolte dans un été ordinaire.

Si le temps humide et pluvieux ne dure que jusqu'à moitié crue des feuilles, et qu'après cela il fasse du soleil et de la chaleur pendant un mois ou six semaines, les feuilles reviendront à leur état naturel, et acquerront la qualité qu'elles ont communément dans ce pays.

Lorsque le beau temps est continuel pendant tout l'été, et que les chaleurs et la sécheresse se prolongent, les feuilles de tabac restent petites, mais elles sont plus substantielles, et, quoique moindres de surface et de volume, elles pèsent souvent plus que les feuilles longues. Si les fabricans peuvent en conserver pendant quelques années, et en mêler un dixième aux feuilles provenant d'une année ordinaire, le tabac vaudra mieux.

Enfin, dans un département on peut juger de la qualité qu'aura le tabac de l'année d'après celle du vin ; l'un et l'autre seront au même degré de force et de valeur.

Les feuilles provenant de terres grasses et compactes sont très-piquantes et très-fortes, et par cette raison elles sont toujours choisies pour fabriquer des carottes et du tabac en poudre ; celles provenant d'une terre légère et sablonneuse, ayant moins de force et de piquant, sont plus propres à la fabrication du tabac à fumer. Ainsi les terres de Strasbourg et de Schelestadt, qui ont la première qualité, sont préférées pour la plantation du tabac à carottes ; et celles de Strasbourg à Haguenau, Bischwiller, etc., qui ont la seconde, sont employées à la plantation du tabac à fumer.

En général, la plantation du tabac réussit beaucoup moins sur les collines et sur les montagnes, même quand la terre en seroit convenable, que dans les fonds ou dans les plaines, parce que l'air y est moins chaud, le froid plus vif et de plus longue durée, les vents plus forts et plus constans.

La récolte se fait de trois manières. On

commence d'abord à récolter les feuilles de terre, ce qui a lieu ordinairement vers le 15 juillet : dès qu'elles deviennent jaunes, on ôte les quatre ou cinq feuilles de chaque tige qui sont le plus près du sol ; on laisse les autres, qui sont de bonnes feuilles, jusqu'à leur maturité, ou jusqu'à ce qu'elles soient menacées de gelées blanches.

Si les plantes ont huit ou neuf feuilles sans compter les feuilles de terre, on les étête ; moins les feuilles sont nombreuses, plus elles deviennent épaisses, pesantes, et plus elles profitent au fabricant. Cette opération se fait communément au commencement d'août. Huit jours après, on cueille déjà les gitzen ; et, comme d'autres gitzen poussent aussitôt que les premiers sont enlevés, on récolte ces nouveaux, pour qu'ils se conservent mieux, de huit jours en huit jours, jusqu'à la récolte des bonnes feuilles, qui commence dès le 20 août (un mois après les feuilles de terre), et on la continue ainsi jusqu'à l'arrivée des gelées blanches.

Après avoir cueilli les feuilles, on les épluche et on les attache sur le champ par bottes ; et quand elles sont transportées au séchoir, on les épluche de nouveau l'une après l'autre, pour séparer autant qu'il est possible celles de chaque qualité, notamment les feuilles tachées. Ensuite on les enfile une à une en laissant une distance d'un doigt entre elles, et on en forme des liasses de quarante à cent feuilles , qu'on étend par rangs un peu écartés les uns des autres.

Une seule forte gelée blanche suffit pour geler les feuilles sur pied ; mais après la récolte , et lorsqu'elles sont étendues au grenier ou ailleurs , quand bien même elles seroient encore un peu vertes , les gelées blanches et le froid ne peuvent plus leur nuire. Les séchoirs doivent être secs , couverts et aérés. Plus les feuilles mises au séchoir sont atteintes du soleil , surtout de celui qui vient après les brouillards du matin , plus elles deviennent belles et jaunes , et plus leur odeur et leur qualité sont supérieures , tant pour la fabrication que pour le commerce en nature. Dans les campagnes où la culture du tabac est considérable , et où les greniers ne suffisent pas pour étendre les feuilles toutes à la fois en sortant des champs , les cultivateurs , après les avoir enfilées par liasses , comme il a été dit , les étendent au-dehors autour de leurs maisons, de leurs ateliers , et même le long des murs, mais toujours couvertes d'une toile et dans un endroit sec. Ces feuilles ainsi étendues peuvent être séchées complètement comme celles qui sont exposées dans l'intérieur des greniers ; celles au contraire que l'on pend le long des murs ou des haies sans abri (comme cela peut arriver par suite d'une récolte abondante), et qui sont par conséquent abandonnées aux injures du temps , ne peuvent rester ainsi que jusqu'à ce qu'elles soient seulement fanées : si alors on ne les retire pas , elles deviennent noires , de mauvais goût , sans qualité , et ne peuvent , à cause de leur infériorité , être fabriquées en aucune espèce de tabac.

Les feuilles enfilées et étendues n'exigent plus aucun soin , jusqu'à ce qu'elles soient entièrement sèches. Quand on les retire alors , il s'en trouve souvent de jaunes et de vertes à la même liasse ; cette différence provient de ce que les feuilles vertes n'ont pas été atteintes par le soleil , par les brouillards , ni même quelquefois par l'air. On trouve rarement cette double couleur dans les récoltes des petits cultivateurs , parce que ceux-ci ont soin de tourner et de changer les liasses à mesure que les feuilles jaunissent.

On ne peut pas retirer les feuilles des séchoirs pour les emmagasiner , ni pour les mettre en fabrication ou dans le commerce , qu'elles n'aient éprouvé un grand froid. On les retire après par un temps doux et humide , pour ne pas les briser ; on les pose dans un lieu bien aéré , liasse par liasse , jusqu'à la hauteur de trois cent vingt-quatre millimètres. On les visite de temps en temps pour voir si elles ne s'échauffent pas , et quand on s'aperçoit qu'elles s'échauffent on les retourne en exposant à l'air celles qui étoient dans l'intérieur.

On peut retirer les feuilles des premières récoltes avant les grands froids pour en faire du tabac à fumer , quand même elles ne

seroient pas tout-à-fait sèches , et surtout
les côtes ; mais à leur entrée en fabrique
elles doivent être employées sans retard ,
pour que la moisissure et la mauvaise odeur
ne s'en emparent pas auparavant. Les feuilles
de terre peuvent être retirées des séchoirs dès
le commencement d'octobre ; elles sont ordinairement remises en œuvre sans avoir été
emmagasinées, quand même les côtes seroient
encore vertes.

Culture du tabac dans le midi de la France.

Elle est la même dans beaucoup de parties
que sur les bords du Rhin ; mais elle n'est
pas à beaucoup près aussi perfectionnée.

Dans le midi, comme dans le nord, le
tabac se sème aussi sur des couches qu'on
couvre de paille quand le temps est froid.
On le sème à la fin de février, et on le
transplante vers le milieu ou à la fin d'avril;
cette transplantation se continue jusqu'aux
premiers jours de juin. Les propriétaires cultivateurs qui cherchent à perfectionner cette
branche de culture plantent en quinconce,
et aussi régulièrement que la position du sol
le leur permet ; mais les métayers plantent
sur des lignes droites au hasard. La distance
entre les pieds varie suivant les qualités de
terre : on voit quelquefois , dans une même
pièce , des tabacs plantés à deux pieds de
distance , et d'autres à trois pieds et demi ,
mais la distance ordinaire est de deux pieds
et demi à trois.

Les cultivateurs qui veulent avoir de beaux tabacs les étêtent deux mois après leur plantation , et souvent plus tôt.

L'époque de la récolte varie suivant celle où le tabac a été mis en terre , et selon que la saison a été plus ou moins convenable.

Cette récolte dure deux mois et demi , c'est - à - dire depuis les premiers jours de septembre jusqu'à la mi - novembre. On ne le cueille point feuille à feuille comme dans le nord, en détachant chaque feuille mûre de sa tige ; mais on coupe la tige entière près de terre , et on lui laisse , pour quelque temps encore , toutes les feuilles dont elle est garnie. Cette opération se fait le matin , après que la rosée est passée. Dès le soir même , le tabac est remis à couvert dans la métairie. Cependant , quand le temps est beau , on le laisse quelquefois sur le champ jusqu'au lendemain ; aussitôt qu'il est arrivé à la métairie , on le met à la pente afin qu'il sèche ; les tiges sont liées deux à deux et suspendues ensemble sur des perches ou sur des cordes. Quand le tabac est retiré de la pente , on détache alors les feuilles des tiges , et on en fait des manoques qui sont mises en tas pour fermenter.

Les feuilles ne sont détachées de leurs tiges que lorsque le tabac est sec et l'atmosphère un peu humide. Cette opération a lieu depuis le 15 novembre jusqu'au 15 janvier.

Les facteurs ou commissionnaires des fabricans et négocians vont chez les cultivateurs pour acheter leurs tabacs. Dès qu'ils sont convenus de prix, ils en font eux-mêmes des balles sans corde et sans enveloppe, du poids de trois à quatre cents livres. Arrivé chez les fabricans, le tabac est mis en tas, après avoir reçu une légère humectation.

Dans le département de Lot-et-Garonne, on choisit, pour cultiver le tabac, les bas-fonds qui ont été couverts par les débordemens de ces rivières ; lorsqu'elles n'ont pas laissé sur le terrain trop de sable, le tabac y réussit fort bien. Souvent on fait succéder à cette culture celle du froment quand le fonds est riche. Dans les sols médiocres ou maigres, après la récolte du tabac on sème de menus grains pour fourrages.

Fabrication du tabac.

Il se fabrique des tabacs sous différentes formes, qui ont chacune leur dénomination relative à leur usage particulier. Les tabacs en carottes destinés à être râpés, et ceux en rôles, ainsi que les tabacs frisés propres pour la pipe, sont l'objet principal de la consommation.

L'exposition est la première de toutes les attentions qu'on doit avoir pour placer les magasins ; le soleil et l'humidité sont également contraires à la conservation des tabacs.

Les magasins destinés pour les matières premières doivent être vastes, et il en faut de deux espèces ; l'une pour contenir les feuilles anciennes qui n'ont plus de fermentation à craindre, et l'autre pour les feuilles plus nouvelles qui, devant encore fermenter, doivent être souvent remuées, travaillées et empilées à différentes hauteurs.

La qualité des matières de chaque envoi doit être reconnue à son entrée dans la manufacture, et les feuilles doivent être placées sans confusion dans les magasins qui leur sont propres, afin d'être employées dans leur rang.

Les opérations de la fabrique du tabac, dont nous allons maintenant parler, portent les noms suivans, énoncés dans l'ordre même de ces opérations. Elles sont au nombre de huit, savoir, l'époulardage, la mouillade, l'écôtage, le mélange, le frisage, le filage, le carottage et le ficelage.

Époulardage du tabac.

C'est la première de toutes les opérations; elle consiste à séparer les manoques, à les frotter assez sous la main pour détacher les feuilles et en ôter le sable, la poussière et toutes les parties hétérogènes dont elles ont pu se charger. Les ouvriers employés à cette main-d'œuvre prennent les manoques, en séparent les feuilles une à une, les secouent pour en faire tomber la terre, et jettent les feuilles gâtées; celles qui ont quelque défectuosité ou moisissure, etc., sont coupées à un pouce dans le vif, au-dessus de la portion gâtée.

Dans chaque manoque ou botte de feuilles, de quelque crû qu'elles viennent, il s'en trouve de qualités différentes ; rien de plus essentiel que d'en faire un triage exact : c'est de cette opération que dépend le succès d'une manufacture.

Les ouvriers ont communément autour d'eux un certain nombre de mannes ; le maître-ouvrier les change lui-même à mesure, les examine de nouveau, et place le tabac trié dans les cases, suivant sa qualité et destination.

Mouillade du tabac.

C'est la seconde opération ; elle doit former un atelier séparé, mais très-voisin de celui de l'époulardage ; il doit y avoir le même nombre de cases et distribuées de la même manière, parce que les feuilles doivent y être transportées dans le même ordre : cette opération est délicate, et demande la plus grande précaution ; elle consiste à mouiller par aspersion les feuilles avec de l'eau commune, dans laquelle on a mis du sel marin en dissolution ; toutes ne doivent pas être mouillées indifféremment ; on ne doit avoir d'autre objet que de communiquer à celles qui sont trop sèches assez de souplesse pour passer sous les mains des écôteurs sans être brisées ; les feuilles qui sont assez onctueuses par elles-mêmes pour pouvoir être écôtées sans préparation ne doivent pas être humectées.

Le sel mêlé à l'eau est nécessaire pour prévenir une altération quelconque, et pour empêcher tout mouvement de fermentation putride. La proportion est de dix livres de sel sur cent livres d'eau, et on emploie deux livres d'eau salée par quintal de tabac, plus ou moins, selon le degré d'onctuosité des feuilles. Cette eau est préparée dans des baquets ; on a soin d'écumer tout ce qui surnage ; les sédimens terreux et les substances insolubles vont au fond au - dessous du robinet : on donne à cette préparation le nom de *sauce*.

Écôtage des feuilles.

Il consiste à enlever la côte principale, depuis le sommet jusqu'au talon, sans offenser la feuille.

Dans le nombre des feuilles qui passent journellement en fabrique, on choisit les plus larges et les plus fortes, que l'on réserve avec soin pour couvrir les tabacs. L'écôtage de celles-ci forme une espèce d'atelier à part, qui suit ordinairement celui des fileurs : cette opération demande plus d'attention que l'écôtage ordinaire, parce que les feuilles doivent être plus exactement écôtées sur toute leur longueur, et parce que, si elles venoient à être déchirées, elles ne seroient plus propres à cet usage : on distingue ces feuilles, en fabrique, par le nom de *robes*.

Toutes les feuilles propres à faire des robes

sont remises, lorsqu'elles sont écôtées, aux plieurs ; l'opération du plieur consiste à faire un pli ou rebord du côté de la dentelure de la feuille, afin qu'elle ait plus de résistance, et ne déchire pas sous la main du fileur.

Mélange des feuilles.

La masse des feuilles triées et écôtées est transportée de nouveau dans la salle de la mouillade ; c'est alors que l'on travaille au mélange : opération difficile, qui ne peut être conduite que par des chefs très-expérimentés et très-connoisseurs.

Lorsque les mélanges sont achevés on en fait deux parts, l'une des tabacs destinés à être frisés, l'autre de ceux qu'on destine à la filature ; ceux-ci doivent être mouillés par couches très-légèrement avec la même sauce dont on a parlé à l'article de la *mouillade*, et avec les mêmes précautions ; c'est-à-dire pour donner aux feuilles de la souplesse, et non de l'humidité.

Frisage du tabac.

Il consiste à hacher ou à couper les feuilles avec un couteau mû par une vis, qu'un ouvrier met en jeu. Ces feuilles hachées sont ensuite exposées sur une platine, à un feu doux, qui les fait se crisper ; on les agite et on les roule de temps en temps entre les mains, et quand elles sont crispées ou frisées

au degré convenable on les retire et on les
fait suer et sécher dans les greniers.

Filage ou *filature du tabac.*

C'est une opération par laquelle les feuilles
de tabac sont mises en cordes ou en rôles ;
on les file à la main ou au rouet ; pour
filer le tabac au rouet, il faut auparavant
en former des espèces de boudins qu'on
appelle *soupe.* La soupe est une portion
de tabac filé à la main, de la longueur
d'environ trois pieds, et couverte d'une robe
jusqu'à trois ou quatre pouces de chaque
extrémité.

Les fileurs sont les ouvriers les plus essentiels d'une manufacture, et les plus difficiles à former : il faut pour cette opération
des hommes forts et nerveux, pour résister
à l'attitude contrainte et à l'action où ils
sont toujours.

Lorsque les rouets des fileurs sont pleins,
on les transporte dans l'atelier des rôleurs,
pour y être mis en rôles.

Les rôles sont des pelotes où le boudin
est roulé plusieurs fois sur lui-même ; ils
sont de différentes grosseurs, suivant leurs
destinations et leurs qualités ; on observe
généralement de tenir les cordons des rôles
très-serrés, afin que l'air ne puisse les pénétrer, ce qui les dessécheroit considérablement ; pour cela on les comprime par le
moyen d'une presse : c'est le dernier apprêt

de ce qu'on appelle *la fabrique des rôles*. Chaque rôle est enveloppé ensuite dans du papier gris et emmagasiné jusqu'à ce qu'il ait acquis par la garde le point de maturité convenable pour passer à la fabrique du ficelage.

Fabrique du carottage.

Cette fabrique est regardée dans les manufactures comme une seconde fabrique, parce que les tabacs y reçoivent une nouvelle préparation et qu'ils ont une autre sorte de destination.

Les tabacs qui restent en rôles sont censés être destinés uniquement pour la pipe, et ceux qui passent par la fabrique du ficelage ne sont destinés que pour la râpe.

La première opération de cette fabrique est de couper les cordons du rôle en longueurs proportionnées à celles que l'on veut donner aux bouts, y compris l'extension que la pression leur procure. On se sert, à cet effet, d'une matrice ferrée par les deux bouts, et d'un tranchoir : on doit accoutumer les ouvriers à ne point excéder les mesures, à tenir le couteau bien perpendiculairement, et à ne point déchirer les robes.

De l'atelier des coupeurs, les longueurs passent dans l'atelier des presses, où elles sont employées par différens comptes, suivant la grosseur que l'on veut donner aux carottes. On fait des bouts composés depuis deux jusqu'à huit longueurs.

Pour que le tabac prenne de belles formes on le met dans des moules faits exprès, composés de deux pièces de bois creusées en gouttières demi-cylindriques. Il faut que ces moules soient bien polis, qu'ils soient entretenus avec la plus grande propreté, et que les arêtes surtout en soient bien conservées, afin d'éviter qu'il ne se forme des bourrelets le long des carottes, ce qui les dépare.

Ces moules sont rangés sur des tables de différens comptes, et les tables rangées sous la presse, à cinq, six et sept rangs de hauteur, suivant l'intervalle des sommiers; ces tables doivent être posées bien d'aplomb en tous sens sous la presse, afin que la pression soit bien égale partout. Le tabac et la presse souffriroient de la moindre inégalité.

On doit observer dans un grand atelier de ne donner à chaque presse qu'un certain nombre de tours à la fois, et de les mener ainsi par degrés jusqu'au dernier point de pression ; c'est le moyen de ménager la presse et de former des carottes plus belles, plus solides, et d'une garde plus sûre.

A mesure que les carottes sortent des moules, on a soin de les envelopper fortement avec des lisières, afin que dans le transport, et par le frottement, les longueurs ne puissent se désunir : elles sont livrées en cet état aux ficeleurs.

Le ficelage est la parure d'un bout de tabac ; quoique ce soit une manœuvre

simple, elle exige beaucoup de soin, d'attention et de propreté. La perfection consiste
à ce que les cordons se trouvent à distances
bien égales, que les nœuds soient rangés sur
une même ligne, et que la vignette soit placée
bien droite. La ficelle la plus fine, la plus
unie, est la plus ronde.

Lorsque les carottes sont ficelées, on les
remet à quelques ouvriers destinés à ébarber
les bouts avec des tranchoirs. Cette opération s'appelle le *parage*, et c'est la dernière
de toutes.

CHAPITRE IV.

DES FORÊTS, BOIS, etc.

*Semis, plantation et repeuplement des bois
en massifs.*

LE but que l'on doit se proposer en faisant une plantation utile est de retirer en
bois, sur un terrain donné, un revenu plus
grand que celui qu'il produit par sa culture
ordinaire.

Les plantations doivent donc, comme
toute autre amélioration agricole, être dé-
terminées par le résultat de la comparaison
du revenu actuel du terrain à planter avec
celui qu'il produira après la plantation,

déduction faite des non-jouissances, des contributions et des intérêts, des dépenses de plantation et d'entretien. Il résulte généralement de ce précepte, 1° qu'on ne doit pas planter des bois en massifs sur les bonnes terres, sur les prairies, sur les pâturages gras par eux-mêmes, ou sur ceux que l'on peut améliorer par des irrigations, parce que ces propriétés, dans leur culture actuelle, produiront toujours un revenu plus considérable que si elles étoient plantées en bois;

2° Que dans toutes les localités où le bois de chauffage est à un prix très-bas, il n'y a point d'avantage à planter des bois en massifs, car quelque foible que puisse être le revenu des terres dans ces localités, il sera toujours supérieur à celui que l'on en retireroit, toutes déductions faites, si elles étoient plantées en bois.

Ce n'est donc que dans les lieux où le bois de chauffage se vend à un prix supérieur, et sur les terres médiocres et mauvaises de ces localités, que l'on peut se livrer aux plantations de bois en massifs avec un avantage assuré, et qui sera d'autant plus grand que le prix du bois de chauffage y sera plus élevé; mais les terres médiocres et mauvaises que nous venons de désigner ne sont pas toutes également propres à la végétation des différentes essences de bois; il est donc nécessaire de ne confier à chaque nature de terrain que celles qui pourront y prospérer; leur accroissement y sera plus prompt, leur

végétation plus belle, et leur produit plus
considérable.

Ainsi, avant que de déterminer une plantation, il faudra examiner avec attention la
nature et la profondeur du sol à planter,
afin de pouvoir choisir avec discernement,
parmi les essences de bois qui lui conviennent, celles dont le produit deviendra le
plus avantageux.

Il faut connoître aussi celles de ces dernières essences qu'il conviendra de cultiver
ensemble ; car l'expérience apprend que les
bois en massifs présentent une végétation beaucoup plus belle lorsque les essences en sont
mélangées, que quand elles sont de la même
espèce. Par exemple, un taillis uniquement
peuplé en chêne croît moins vite que lorsqu'il est mélangé de hêtre et de charme,
toutes choses égales d'ailleurs ; sa végétation
est encore plus prompte sur les terrains convenables, lorsque le chêne est entremêlé avec
le frêne ; enfin, elle est la plus rapide lorsque
le mélange est en bois blanc.

Les différentes essences enfoncent leurs racines, et conséquemment puisent leur nourriture à des profondeurs inégales, et laissent
ainsi à chacune toute celle qui peut lui convenir ; tandis que, lorsqu'elles se trouvent
toutes de même espèce sur le même terrain,
elles vivent toutes pour ainsi dire à la même
table, et se disputent leur subsistance.

La plantation la plus dispendieuse est celle
que l'on fait sur un terrain préalablement

défoncé à quatre ou cinq décimètres de profondeur. C'est le procédé que les jardiniers emploient pour l'établissement des pépinières, ou dans les plantations de luxe.

On connoît quatre manières de préparer à moins de frais les terrains que l'on veut planter en massifs de bois :

1° On les cultive à la houe; savoir, à plat, si le sol est sain et léger, ou en pente suffisante; et en planches plus ou moins bombées, ou en rayons plus ou moins élevés, si le terrain est humide ou compact.

2° On ne cultive ces terrains à la houe que par rayons de deux tiers de mètre de largeur; on laisse incultes les intervalles, et l'on plante ensuite sur les rayons cultivés.

3° On ne cultive avec la charrue, et sur une largeur de deux tiers de mètre, que les parties du terrain sur lesquelles on doit planter, et on laisse inculte le surplus, comme dans la seconde manière.

Au moyen de ces différentes préparations du terrain, on peut, à volonté, le planter ou en semis ou en plants enracinés. Cependant les labours à la charrue admettent difficilement l'emploi des plants enracinés, à raison de toutes les précautions qu'il faut prendre pour assurer leur reprise, et qu'il est bon cependant de connoître.

D'abord on ne peut employer ainsi que des plants provenus de semis de deux ans, afin que leurs racines soient encore assez souples pour ne pas rompre sous le poids de la terre dont on les recouvre avec la charrue.

En second lieu, on ne peut planter de cette manière que sur des terrains très-légers, et suffisamment préparés par plusieurs labours, pour que la terre en soit bien émiée, et qu'elle puisse recouvrir les racines des plants exactement et sans aucun vide.

En troisième lieu, il faut trois personnes pour effectuer cette plantation ; savoir : le laboureur qui ouvre le sillon, une seconde personne qui pose les plants dans la raie, à un demi-mètre les uns des autres ; et la troisième qui en redresse les tiges et les assujettit verticalement avec de la terre prise sur la raie voisine. En quatrième lieu, lorsque les plants ont été recouverts par la charrue, il faut les visiter exactement, afin de redresser les tiges qui auroient été renversées par le laboureur, et d'enterrer les racines qui ne le seroient pas suffisamment.

Enfin, il est nécessaire de faire cette plantation en automne, et aussitôt que la terre est suffisamment humectée, afin que les racines des plants aient le temps de pousser un peu de chevelu avant l'hiver ; autrement le hâle du printemps en feroit périr beaucoup.

Au surplus, dans ces différentes manières de planter, ou plutôt de préparer les terrains pour les plantations, un seul labour à bras d'homme suffira, pourvu que la terre soit bien émiée ; mais avec la charrue, le nombre des labours dépendra du plus ou du moins de ténacité du terrain, et de l'état dans lequel il se trouvoit avant la plantation.

Ces différens procédés sont certainement beaucoup plus économiques que ceux employés dans les plantations de luxe ; cependant, si l'on ajoute aux dépenses qu'ils occasionnent celles de l'entretien des plantations pendant un certain nombre d'années, le total présentera des avances encore assez fortes pour excéder les facultés d'un grand nombre de propriétaires. En voici d'autres qui exigent encore moins de dépenses, dont le succès a été éprouvé, et qui sont d'autant plus avantageux à employer, suivant les circonstances, qu'après la plantation il n'y a d'autres soins à prendre que ceux des premiers repeuplemens et d'une bonne conservation.

1° On prépare le terrain à la charrue, comme pour le semer en blé à l'automne. A la fin d'octobre, ou au commencement de novembre, et aussitôt que les graines sont mûres, on les sème sous raies de sept à dix centimètres de profondeur, ouvertes à un mètre de distance les unes des autres, et on y espace les semences à deux décimètres ; on les recouvre ensuite avec la charrue, et, lorsque le semis est achevé, on sème le blé et on le herse à la manière ordinaire ; si, dans la localité, on est d'usage d'enterrer le blé à la charrue, on fera le semis de bois en même temps que celui de grain.

Dans l'un et l'autre cas, l'espacement des graines sera le même ; mais il faudra semer le blé un peu clair, afin que des talles trop dures n'étouffent pas les jeunes plants.

La récolte du blé couvrira amplement les frais de cette plantation, et les semences lèveront très-bien sous la protection des talles de blé qui les garantiront de la sécheresse, de la chaleur et des mauvaises herbes.

Si l'on veut ensuite accélérer la jouissance de cette plantation, on y plantera à l'automne ou au printemps qui suivra la récolte du blé.

Deux mille plants enracinés de bois blanc par hectare, que l'on placera dans les intervalles des raies semées, seront également distribués sur toute la surface du terrain. On choisira les plants d'essences de tremble ou d'ypréau, parce qu'elles viennent promptement et qu'elles drageonnent beaucoup ; et lorsqu'on jugera que les plants en sont bien pris, c'est-à-dire à leur troisième ou quatrième feuille, on les recépera. Souvent, dans l'année même du recépage, on verra dans la plantation des cépées de bois blanc de deux mètres de hauteur, avec déjà un certain nombre de drageons, qui rempliront les intervalles des souches, protégeront les essences venues de semences, et les forceront à s'élever.

Ces bois finiront par devenir trop épais, mais alors il sera utile de les éclaircir.

2° On peut encore semer et planter de la même manière sur un terrain disposé pour des semailles d'avoine.

3° *Plantations en pots.* Nous entendons

par cette expression planter dans des trous ouverts sur un terrain qui n'a reçu aucune préparation préliminaire. On y espace les trous à un mètre un tiers les uns des autres, et on les y dispose en quinconce, autant que cela est possible; on leur donne un tiers à un demi-mètre de diamètre sur un tiers de mètre de profondeur, on les remplit ensuite à la moitié de leur profondeur avec la meilleure terre sortie de ces trous, ou mieux encore avec de la terre végétale prise sur la superficie du terrain environnant. On place les semences ou les plants enracinés sur ce lit de bonne terre, et l'on recouvre les trous avec le reste, ou le meilleur de la terre qui en a été extraite.

C'est ainsi, du moins, qu'il faut opérer dans les terrains sains et légers; mais sur un sol argileux et compact, les trous se rempliroient d'eau pendant l'hiver, et les semences ou les racines de plant y pourriroient à cause d'une humidité trop long-temps surabondante.

Pour remédier à un inconvénient aussi grave, on remplit entièrement les trous avec la meilleure terre de la superficie du terrain environnant; et c'est un peu au-dessus de son niveau que l'on place le plant; on le recouvre ensuite d'environ un sixième de mètre de hauteur de terre en forme de butte, afin d'en mettre les racines en égout pendant l'hiver de la plantation.

Lorsqu'elle est faite en semis, on ne place

pas les graines aussi profondément sur les buttes. Après avoir fait les trous, et les avoir remplis de bonne terre, ainsi que nous venons de le prescrire, on écarte avec la main le sommet de la butte, à environ un décimètre de profondeur ; on place deux ou trois graines dans le fond, et on rétablit le capuchon de la butte.

Le moyen d'obtenir une jouissance assez prompte d'un massif de bois ainsi planté, c'est de faire la plantation un quart en plants enracinés de bois blanc, et le surplus en semences de bois dur.

4° On plante le terrain à la charrue, ou en pots, tout en essences de bois blanc ; après la quatrième, ou au plus tard à la sixième feuille, les jeunes plants seront en état d'être recépés. L'année d'après le recépage, ou plutôt la première année abondante en graine qui la suivra, et avant la chute des feuilles, si cela est possible, on en répandra à graines perdues entre les cépées une quantité assez grande pour que, ayant été recherchées par les corbeaux, les pies et les mulots, il en reste suffisamment d'intactes. Ces graines restantes seront recouvertes par les feuilles des cépées, et elles leveront au printemps suivant, comme cela arrive dans les repeuplemens naturels. Le succès de cette pratique sera encore plus assuré si, après la chute des feuilles, et lorsque le terrain sera suffisamment humecté par les pluies d'automne, on y fait passer fréquemment et en tous sens un trou-

peau de cochons que l'on rassasieroit auparavant, et qui enfonceroit ces graines. Il
paroît que c'est ainsi qu'on le pratique en
Allemagne.

Quoi qu'il en soit, nous avons vu des bois
plantés par ce quatrième procédé, tous en
essences de bois blanc ; ils n'avoient que cinquante ans de plantation, et déjà ils présentoient près de la moitié de leur superficie
en cépées de chênes qui avoient pris la place
d'autant de cépées de bois blanc.

5° On peut aussi semer des bois à graines
perdues sur des terrains incultes et couverts
d'épines, de bruyère, de genêt ou d'autres
arbustes. Plus ils seront couverts de ronces,
d'épines et de fougères, moins la plantation
exigera de semences ; mais s'il y a beaucoup
de genêts épineux, il faudra en arracher une
certaine quantité, et semer sur l'arrachis. Au
défaut d'arbustes, il faut laisser croître l'herbe
sur le terrain, et semer alors avant sa chute,
afin qu'elle puisse recouvrir les graines.

Cette dernière méthode est, il est vrai,
la moins dispendieuse de toutes, mais aussi
c'est la plus incertaine, et celle dont la jouissance se feroit attendre le plus long-temps.

Des temps les plus propres aux semis et aux plantations ; temps de semer les bois.

Le moment le plus opportun de faire des
semis de bois dépend 1° de l'époque de
la maturité des semences, 2° de la nature

du terrain que l'on veut planter, 3° de son étendue.

En effet, pour faire un semis avec succès, il faut que les graines en soient parfaitement mûres, autrement elles ne lèveroient pas. Ainsi, le moment favorable pour les semer seroit donc celui de leur maturité complète; mais cette époque est l'automne pour le plus grand nombre des essences, et le printemps pour le surplus; et le développement de toutes ces semences ne peut s'opérer qu'au printemps, au réveil de la nature. Cela posé, si le terrain auquel les graines mûres en automne auroient été confiées dans cette saison, est très-humide par lui-même, ou s'il est tellement compact qu'il retienne les eaux pluviales pendant l'hiver, elles s'y trouveront pendant tout ce temps dans une humidité surabondante, et dès lors elles y pourriront toutes. Ainsi, l'on ne peut donc semer en automne les graines de bois que sur les terrains les plus sains et les plus légers.

D'un autre côté, le précepte est encore susceptible de modification, suivant l'étendue du terrain et l'espèce de graines que l'on veut y semer.

Par exemple, les glands, les faînes, les châtaignes, les noix, ne devroient jamais être semés qu'au printemps, après avoir été stratifiés; et cette pratique est celle qu'il faut adopter de préférence pour l'établissement des pépinières en semis.

Mais dans les grandes plantations on n'au-

roit pas toujours le temps ou l'on ne pourroit pas toujours trouver assez de bras pour
pouvoir les achever avant le commencement
de la végétation ; car au printemps on ne
peut commencer le semis que lorsque la terre
est suffisamment desséchée, et ce moment
n'arrive quelquefois qu'à la fin de mars ou
au commencement d'avril.

Temps de la plantation des jeunes plants enracinés.

Avec les différentes précautions que nous
avons indiquées dans la première section de
ce chapitre, on pourra toujours commencer
en automne les grandes plantations des plantes enracinées, et sur toute nature de terrain,
lorsqu'il sera suffisamment humecté par les
pluies de cette saison. Celles qui surviennent
après la plantation rapprochent les terres des
racines des plants ; et si, avant l'hiver, on
vient à éprouver encore quelques jours d'une
température douce, les plants commencent
à pousser du chevelu, et au printemps ils
promettent de bonne heure une belle végétation. Cet avantage n'existe pas dans les
plantations que l'on fait au printemps ; les
plants sont quelquefois un mois avant de pousser leur premier chevelu, et si cette saison
est sèche il en périt beaucoup. Il y a cependant des essences que l'on ne peut planter
qu'au printemps, comme tous les arbres résineux, le robinier, et généralement toutes les

essences qui craignent la gelée ou la trop grande humidité après leur transplantation.

D'ailleurs, quelle que soit la saison dans laquelle on plante, il faut suspendre le travail aussitôt que le terrain devient trop mou.

Espacement des plants et des graines dans différentes espèces de plantations en massif.

La qualité du sol et l'aménagement que l'on se propose d'adopter doivent déterminer le nombre des plants qu'il faut admettre dans ces plantations, afin que tous puissent y prospérer également et convenablement. Il est cependant nécessaire d'en planter ou d'en semer un plus grand nombre que cette combinaison ne semble l'exiger, à cause des accidens auxquels les plantations sont exposées, principalement celles qui sont les plus économiques ; et si l'on trouvoit ensuite qu'il y eût surabondance de plants, il faudroit les éclaircir :

1° *En plants de hautes tiges.* On plante le terrain par rangées éloignées de quatre mètres les unes des autres, et l'on y espace les arbres également à quatre mètres, mais disposés en quinconce, afin que l'air, la lumière et la chaleur puissent circuler et pénétrer librement dans toutes les parties de la plantation.

Si le terrain est frais, quoique profond, on peut le planter moitié en chênes et moitié en frênes : on place alors les chênes sur un rang, et les frênes sur l'autre, alternativement; mais dans ce cas particulier les rangées se tracent à trois mètres deux tiers les unes des autres, et les arbres y sont espacés à la même distance, et également en quinconce.

On plante et on cultive ces arbres, et l'on en dresse les tiges, comme nous l'indiquerons après pour les plantations d'arbres isolés. Enfin, pendant les cinq premières années de la plantation, il faut avoir le soin de faire remplacer les arbres qui viendroient à périr; mais passé ce terme, ceux qu'on y replanteroit réussiroient bien rarement.

2° *Futaie en jeunes plants enracinés.* Après la préparation du terrain, on tracera les rangées à trois mètres un tiers de distance les unes des autres, et l'on y espacera les plants à deux mètres. Ils y seront aussi disposés en forme de quinconces.

3° *Futaie en semis.* Après la préparation du terrain, on tracera les rangées à trois mètres un tiers, et on y espacera les graines à deux décimètres.

Dans ces deux derniers cas, il faudra cultiver la plantation à bras d'homme, mais seulement le long des jeunes plants, et avec la charrue les intervalles compris entre les rangées. Si l'on sème ensuite des grains dans les dernières parties, le succès de la plantation sera plus assuré, et le produit de leur récolte pourra indemniser le propriétaire de ses frais d'entretien.

De ces trois manières de plinter des futaies, la première est la plus avantageuse, à cause de la jouissance plus prompte qu'elle procure; mais elle est très-dispendieuse, et ne peut être employée, par cette raison, que par les riches propriétaires.

Espacement à observer dans les plantations de taillis.

D'après ce que nous venons de dire, nous croyons inutile de parler des espacemens qu'il conviendroit de donner aux taillis destinés à de longs aménagemens ; car, si l'on trouve un taillis trop épais, on est toujours le maître de le faire éclaircir.

Une plantation en taillis doit être faite par rangées, orientées autant que cela est possible du levant au couchant, afin que par cette disposition le plus grand nombre des plants soit préservé de l'ardeur du soleil du midi, qui, pendant l'été, dessèche le pied des arbres en pompant toute leur humidité : on éloigne les rangées les unes des autres dans les limites d'un mètre un tiers à un mètre deux tiers, suivant la qualité du terrain.

Si la plantation doit être faite en plants enracinés, on les espacera sur chaque rangée, savoir, à un mètre un tiers de distance dans les bons terrains, et à un mètre deux tiers dans les médiocres et les mauvais. Si elle doit être en semis, on y placera les graines à deux décimètres.

En général, il vaut mieux semer que planter

dans les mauvais terrains, et si l'on peut re-couvrir les semis avec des grains, la plan-tation devient très-économique. Malheureu-sement la récolte des graines des meilleures essences de bois est souvent incertaine, et n'est pas toujours abondante, en sorte que lorsque l'on a de grandes superficies à planter, on se trouve obligé d'employer à la fois les semis et les plants enracinés.

Lorsque les pousses annuelles de ces diffé-rentes plantations présenteront une longueur d'au moins un décimètre, leur succès sera assuré, et elles n'auront plus besoin que d'une bonne conservation.

Repeuplement des vides de bois.

Les vides que l'on rencontre trop souvent dans les bois en diminuent nécessairement la valeur lorsqu'on les coupe. Ces vides peu-vent être les effets de deux causes très-diffé-rentes ; savoir, d'un aménagement trop pro-longé pour la qualité du terrain, ou pour l'espèce des essences du bois, et de la fré-quentation habituelle des bestiaux. Dans le premier cas, le remède est facile à appliquer, c'est de rapprocher l'âge d'aménagement du bois, et d'en regarnir ensuite les clairières par le moyen de provins ou de semis.

Dans le second cas, si les vides ont peu d'étendue, ils se regarniront naturellement par les semences des étalons voisins, en sou-mettant les bois à une rigoureuse conservation.

Mais leurs grands vides ne peuvent être remplis que par des semis, des plants enracinés, des provins. C'est alors au propriétaire à choisir, parmi ces différens moyens, celui qui lui conviendra le mieux.

Des pépinières.

Pour pouvoir planter avec économie, il faut d'abord établir des pépinières; la dépense de leur établissement sera toujours moindre définitivement que le prix d'achat des plants, si l'on étoit forcé de les tirer des pépinières étrangères.

Cependant, lorsqu'on est dans le voisinage des forêts bien conservées, on pourroit y trouver assez de jeunes plants enracinés pour planter une pépinière d'arbres de haute tige, et conséquemment pour éviter les frais d'établissement de pépinières en semis ; mais la recherche des plants d'essences de bois durs est défendue dans les forêts royales, et ces essences sont les plus avantageuses à multiplier.

Ce n'est donc que dans ses propres bois qu'un propriétaire pourroit trouver cette ressource, autrement il faut établir deux espèces de pépinières, l'une en semis, et l'autre pour les plants enracinés que l'on veut élever en arbres de haute tige.

Choix du terrain pour ces pépinières.

Pour former une pépinière de cette espèce, il n'est pas nécessaire de choisir le terrain le meilleur et le plus profond que l'on ait à sa disposition, comme dans la culture des arbres fruitiers et d'agrément, parce qu'à la replantation définitive les arbres qui en proviennent souffriroient beaucoup à ne pas trouver, dans leur nouveau domicile, une nourriture aussi abondante et aussi substantielle que dans la pépinière ; mais seulement un terrain sain, et qui ait au moins quatre décimètres de profondeur.

Si d'ailleurs le sol en étoit un peu argileux, on pourroit le marner ou le mélanger avec du sable ou des cendres lessivées, afin de le rendre plus léger ; et, s'il étoit trop maigre, on le bonifieroit avec de la terre végétale, ou avec des gazons, ou avec de la tourbe terreuse pulvérisée ; et, après la plantation, on en couvriroit la surface avec du fumier long.

Plantation et conduite des pépinières de plants enracinés.

Après avoir convenablement préparé le terrain choisi, on y trace des lignes parallèles à huit décimètres de distance les unes des autres, et l'on marque sur ces lignes, avec un plantoir ou un piquet, les places

où l'on doit mettre chaque plant. On les
espace sur ces rangées également à huit décimètres, et ils y sont disposés en quinconce.

Après avoir fait à chaque endroit marqué un trou d'un mètre à un mètre un tiers
de diamètre sur un tiers de mètre de profondeur, on arrache les jeunes plants de
la pépinière en semis, ou on les lève de la
jauge dans laquelle on a pu les placer pro-
visoirement, mais seulement à mesure du
besoin, pour ne pas laisser aux racines le
temps de se dessécher à l'air.

Avant que de placer les plants chacun dans
son trou, on en rafraîchit les racines principales, on retranche celles qui sont endommagées, et on en dispose les plaies de
manière que le plant étant mis en place,
elles se trouvent immédiatement appliquées
sur le terrain. Il est d'ailleurs inutile et
même nuisible de retrancher quelque chose
aux petites racines ou chevelu des plants;
car plus un plant en est garni, et mieux il
reprend à la transplantation.

Dans le nombre de ces jeunes plants, il
faut rejeter de la pépinière tous ceux qui
auroient un pivot, parce qu'ils ne réussiroient
point à leur transplantation définitive.

Enfin, on les place dans les trous, mais
à des profondeurs relatives à la nature du
terrain de la pépinière; savoir, à environ
quinze centimètres dans les terres douces
et légères; à douze centimètres dans celles
qui ont plus de consistance; et à environ

neuf centimètres dans les terrains humides.

En plaçant chaque plant, il faut avoir l'attention de rapprocher avec la main sur les racines la terre la plus émiée, afin qu'il n'existe aucun vide autour d'elles ; car ces vides qui proviennent de la négligence des planteurs servent de réservoir aux eaux pluviales, et souvent elles feroient chancir les racines des plants et occasionneroient leur perte.

Ces racines étant ainsi recouvertes, on foule le plant légèrement avec le pied, et l'on en remplit le trou. Lorsque la plantation est terminée, on rabat en bec de flûte les tiges des plants ; savoir, celles des plants les plus forts, à quinze centimètres au-dessus du niveau du terrain ; les tiges des plants de moyenne force, à douze centimètres, et celles des plants les plus foibles, à cinq centimètres. En laissant ainsi à la sève moins d'espace à parcourir, les plants pousseront moins de bourgeons, mais ceux qu'ils produiront seront très-vigoureux. Lorsqu'on le peut, il est bon de terminer l'opération par arroser chaque plant.

Dans la première année de la plantation, on lui donne quatre binages, dont les trois premiers sont légers ; mais le dernier doit être plus profond.

La seconde année, on donnera encore quatre binages à la pépinière, et trois seulement chacune des années suivantes.

Dès que les bourgeons des jeunes plants sont bien développés, il faut commencer à les disposer pour leur procurer de belles tiges.

A cet effet, et dès la première année de la plantation, on choisit sur chaque plant, parmi les bourgeons qu'il a développés, celui qui promet la végétation la plus vigoureuse. Ce bourgeon, ou plutôt cette branche, est destinée à former la tige du plant, et on la conserve intacte.

Si l'on trouvoit sur un plant plusieurs branches de même force, on choisiroit pour tige celle qui seroit la mieux placée pour remplir cette destination.

La branche-tige étant choisie, on rabat les autres à la distance de cinq jusqu'à dix centimètres du tronc, suivant leur grosseur : plus elles sont petites et déliées, et plus il faut les écourter.

Au mois de juillet de la seconde année, on supprime les chicots de l'année précédente, et on rabat en éventail les petites branches les plus basses de la branche-tige, à la distance de cinq à dix centimètres de cette nouvelle tige, suivant leur grosseur.

La troisième année, toujours dans le mois de juillet, on supprime les chicots de l'année précédente, et l'on écourte de la même manière les branches les plus basses de la nouvelle tige ; mais on les tient un peu plus longues, afin de les forcer à prendre de la grosseur en proportion de son élévation.

On observe ensuite, annuellement, la même conduite, jusqu'à ce que la tige de ces arbres ait acquis environ un décimètre de tour, à hauteur d'homme. Alors ils sont en état d'être transplantés définitivement.

On les lève de la pépinière avec une fourche, et l'on évite d'en contusionner les racines. On coupe les petites avec une serpette, et les grosses avec une pioche bien tranchante. Il faut avoir l'attention de conserver les grosses racines de la plus grande longueur possible, sans cependant pour cela endommager celles des arbres restans.

Plantation des arbres isolés, et formation de leurs tiges.

Première plantation. Lorsque la terre est suffisamment humectée, on peut, dès le commencement d'octobre, ouvrir les trous des arbres que l'on doit planter aux mois de novembre et de décembre suivans. Pendant cet intervalle, les terres du déblai s'améliorent d'autant par l'influence immédiate des engrais météoriques de la saison. Mais ce n'est que dans les terrains sains et légers que l'on peut agir ainsi ; car dans les terres compactes et argileuses les trous pourroient être remplis d'eau par les pluies qui tombent quelquefois avec abondance avant l'époque de la plantation, et il seroit alors impossible d'y planter avant le printemps. Pour éviter cet inconvénient, il faut donc n'ouvrir les trous dans ces derniers terrains qu'au fur et à mesure des besoins de la plantation. Quoi qu'il en soit, ces trous doivent avoir un mètre un tiers de côté, sur deux tiers de mètre de profondeur ; on sépare les terres qui en proviennent, suivant l'usage ordinaire, et on laboure ensuite le fond des trous à la profondeur d'un fer de bêche, mais sans en retirer la terre.

Avant que de planter, on jette dans le fond de chaque trou 1° les terres supérieures qui en ont été extraites ; 2° des gazons, ou de la bonne terre mélangée avec eux, et que l'on prend sur la superficie du terrain environnant. Ce premier remplissage est destiné à servir de lit aux racines des arbres à planter, et qui y seront placées aux profondeurs suivantes ; savoir, à vingt-cinq centimètres dans les terrains sains et légers, et qui boivent bien, ou qui laissent aisément échapper l'eau ; à vingt centimètres dans ceux qui présentent plus de consistance ; enfin, au niveau même du sol dans les terrains humides et dans ceux qui sont argileux.

Lorsque le lit de l'arbre est ainsi préparé, on rabat proprement toutes les branches de la tige au niveau du tronc, et l'on coupe cette tige à la hauteur de deux mètres et demi, afin que les bestiaux ne puissent atteindre aux branches supérieures dont elle se garnira. Cette dernière section doit être franche, unie, sans éclats, et faite en bec de flûte, afin que l'arbre puisse ensuite recouvrir la plaie plus aisément, et que l'eau ni les frimas ne s'arrêtent pas dessus.

En prescrivant ici de couper la tige des

arbres en les transplantant, nous ne prétendons pas dire qu'ils ne reprendroient pas
si on leur laissoit la tête, mais seulement
que dans ces plantations économiques leur
reprise sera plus assurée. C'est particulièrement dans les plantations d'arbres d'essence
dure que cette pratique est nécessaire. Nous
avons éprouvé, d'ailleurs, qu'au bout de cinq
ou six années de transplantation les arbres
que nous avons étêtés présentoient une tige
au moins aussi belle et une végétation plus
vigoureuse que ceux que nous avions plantés
avec leur tête, malgré les soins beaucoup
plus dispendieux que nous avions pris pour
assurer leur reprise.

Les bois blancs, et principalement les peupliers, ne sont pas aussi difficiles, et l'on peut,
sans inconvénient, leur laisser la tête en les
transplantant, mais il ne faut pas les planter
trop gros.

On prépare ensuite les racines de l'arbre,
comme nous l'avons prescrit pour la plantation des jeunes plants enracinés, et on le
plante avec le même soin et les mêmes précautions.

Enfin, lorsqu'ils sont plantés, on les arme
avec des épines fortement serrées contre la
tige par deux ou trois liens, et on en butte
le pied à une hauteur relative à l'humidité
naturelle du terrain. Ces buttes préservent
les arbres d'une trop grande humidité et
d'une trop grande sécheresse, les bestiaux
en approchent plus difficilement pour se frot-

ter contre la tige, et elle est mieux défendue contre les coups de vent.

Pendant la première et la seconde année de la plantation, on donne trois labours aux arbres qui n'ont pas été buttés ; à la troisième feuille, on ne leur en donne plus que deux, et à la quatrième on se contente de cultiver les arbres les plus foibles.

Aux arbres buttés on donne deux façons pendant chacune des deux premières années de leur plantation, et une seule pendant la troisième ; après chaque labour on réforme les buttes.

Espacement des arbres isolés et d'alignement.

Ces espacemens dépendent de la qualité du sol et de l'essence des arbres.

1° Si le terrain à planter n'a pas une très-grande épaisseur, et que cependant on veuille y mettre des chênes ou des hêtres, on les espace de sept à huit mètres.

2° Si le même terrain étoit d'ailleurs propre à la culture du frêne ou à celle des meilleures essences de bois blancs, on pourroit y placer les chênes à huit ou dix mètres de distance les uns des autres, et mettre entre chacun un frêne ou un arbre de bois blanc.

3° Si l'on vouloit planter des ormes sur ce terrain, on les y espaceroit de cinq à sept mètres, suivant la profondeur du sol ; mais l'orme admet difficilement le mélange d'aucune autre essence de bois. Nous n'avons encore trouvé que le peuplier noir qui ne paroisse pas souffrir de son voisinage.

4° Sur les terrains qui conviennent particulièrement à la végétation du frêne, on espacera ces arbres de cinq à six mètres. On observera les mêmes espacemens pour les platanes, et seulement ceux de quatre à cinq mètres pour les ypréaux, les peupliers et les trembles.

5° Sur les sols propres à la végétation des châtaigniers et des noyers, on espacera ces arbres de huit à dix mètres, afin que rien ne puisse s'opposer au développement de leurs têtes.

6° Sur les terrains les meilleurs et les plus profonds, on pourra diminuer ces différens espacemens ; mais nous ferons observer à ce sujet qu'un sol d'un demi-mètre d'épaisseur est un excellent terrain pour des frênes, des platanes, des ypréaux, des peupliers et des trembles, tandis qu'il n'est que d'une qualité médiocre pour les essences les plus dures.

7° Lorsqu'on veut planter des arbres en plein champ sur des terres en culture ou sur des pâturages, on les espace de seize à vingt mètres sur les premières, et de dix à treize mètres sur les secondes. Ces grands espacemens sont commandés par la nécessité de ne pas jeter trop d'ombrage sur les récoltes de ces terres.

8° Lorsque l'on plante des avenues droites

ou ondoyantes sur quatre rangs d'arbres, il faut les y disposer en forme de quinconce; les arbres se trouvent alors plus éloignés les uns des autres que lorsqu'ils sont placés transversalement sur la même ligne ; ils végètent avec plus de vigueur, et même leur ombrage, dans l'allée principale, devient plus épais.

Formation des tiges des arbres dans ces plantations.

Lorsque les arbres végètent en massifs, leur tige s'élève naturellement et sans aucun secours de l'art ; alors ils donnent à leur maturité tous les genres de produit dont leur essence est susceptible ; mais il n'en est pas de même lorsqu'ils sont plantés isolément. A quelques exceptions près, les arbres deviendroient tous pommiers, si on les abandonnoit à la nature, et dans cet état les plantations d'arbres isolés ne seroient pas aussi avantageuses que nous l'avons annoncé.

Il est donc important de connoître les moyens qu'il faut employer pour procurer de belles tiges à ces arbres.

Dans la première année de leur plantation, les arbres poussent beaucoup de bourgeons le long de leur tige, et cet effet est particulièrement occasionné par la soustraction de leur tête. La sève ascendante, ne trouvant plus au point de section de la tête les canaux inférieurs de la tige, en perce l'écorce, et y produit un grand nombre de bourgeons.

Si on les laissoit croître tous, ils se partageroient toute la sève de l'arbre, et avec le temps ils ne présenteroient plus qu'un buisson. Il faut donc les ébourgeonner très-souvent, depuis le pied jusqu'à un demi-mètre environ de l'extrémité supérieure de la tige, afin de forcer la sève à s'élever en abondance dans les bourgeons de cette partie, et de leur procurer la végétation la plus vigoureuse.

Au mois d'août de la première année, on choisit, parmi ces bourgeons supérieurs, trois ou quatre branches des plus fortes, et l'on rabat entièrement toutes les autres.

Après ce premier choix, on en fait un second pour déterminer la branche qui doit former la nouvelle tige, ou plutôt la continuation de la tige de l'arbre. A cet effet, ce n'est pas toujours la branche la plus vigoureuse qu'il faut choisir, mais celle qui se trouvera la plus verticale et la mieux placée.

Pour en activer la végétation, on la laisse intacte, et l'on écourte un peu les autres branches.

Pendant la seconde année on continue l'ébourgeonnement de la tige, on rabat avec un croissant ou avec une serpette les branches écourtées l'année précédente, mais seulement à un tiers de mètre de la tige; et si la branche-tige avoit poussé des branches latérales trop vigoureuses, on les écourteroit un peu en éventail, comme nous l'avons prescrit pour la formation des arbres de haute tige dans les pépinières.

Pendant la troisième année, on supprime le plus promptement possible, et à rez-tige, les chicots des branches écourtées la première année, et l'on écourte un peu, et toujours en éventail, les branches inférieures de la branche-tige.

Pendant la quatrième année, même conduite; mais on ne supprime qu'un tiers des branches écourtées les années précédentes, afin que l'arbre puisse acquérir une grosseur proportionnée à sa hauteur.

Pendant la cinquième année, on laisse reposer l'arbre; pendant la sixième année, on supprime les chicots les plus anciens et la moitié des autres, et l'on continue d'écourter en éventail les branches latérales de la branche-tige. Enfin, on répète les mêmes opérations tous les deux ans.

Nous devons faire observer que le bourgeon qui a été choisi pour faire la continuation de la tige peut n'être pas toujours placé assez près de sa section pour qu'il ne reste pas un chicot au-dessus de la branche-tige : dans ce cas, on rabat le chicot le plus près possible de cette branche aussitôt qu'elle a acquis assez de grosseur pour en recouvrir la plaie avec son écorce; et lorsque l'opération a été bien faite, au bout de deux ou trois ans on ne reconnoît plus la place où elle existoit.

Depuis six jusqu'à quinze ans de plantation, il faut laisser aux arbres isolés, en les émondant, autant de hauteur de tête que de longueur de tronc ; c'est le véritable moyen de procurer de belles proportions à leurs tiges. Au-delà de cet âge, on peut les émonder jusqu'aux deux tiers de leur hauteur totale, mais jamais plus haut, parce qu'alors l'abondance de la sève tourmente la tige et lui fait prendre des formes bizarres qui en diminuent beaucoup la valeur.

Les nœuds des branches et des chicots que l'on supprime en émondant les arbres doivent être rasés bien uniment sur la tige, sans aucun éclat ni protubérance ; les plaies en seront plus larges, mais elles seront plus aisément et plus promptement recouvertes par l'écorce que lorsque l'opération n'est pas faite avec ce soin particulier.

L'émondage des arbres isolés peut se faire sans inconvénient sur les bois durs comme sur les bois blancs ; cependant il faut convenir qu'à l'exception de l'orme, qui, à tout âge, a la propriété particulière de recouvrir les plaies qu'on lui fait, lorsqu'elles sont parées, les autres essences de bois dur ne se prêtent pas aussi bien aux émondages périodiques ; et même, que si les époques des émondages sont trop reculées, ils deviennent funestes à ces arbres. Mais lorsque leur tige a été bien formée dans le principe, et qu'on les émonde au plus tard tous les quatre ou cinq ans, on peut sans inconvénient en continuer l'émondage périodique jusqu'à l'âge de trente ou quarante ans ; alors ils ont déjà acquis une tige beaucoup plus élevée que

ceux de même essence que l'on auroit abandonnés à la nature.

Quant aux arbres en massifs, tels que
les futaies sur taillis, on ne doit jamais se
permettre de les émonder, parce que les
branches en sont trop anciennes et l'écorce
trop dure pour que les plaies de l'émondage puissent jamais se cicatriser et se recouvrir.

*Lieux dans lesquels on peut planter des
arbres, et précautions à prendre pour le
succès ultérieur de ces plantations.*

1° Le long des chemins vicinaux et de
déblave. Les arbres doivent y être placés
sur les revers d'un fossé d'au moins un
mètre de largeur, afin d'y être préservés
du choc des voitures, et même des premières atteintes des bestiaux.

Jusqu'à l'âge d'environ trente ans, les racines et l'ombrage de ces arbres n'occasion-
neront encore aucun tort sensible aux récoltes
voisines; mais, à compter de cette époque,
il augmente dans une progression rapide; on
parvient à le diminuer beaucoup, en isolant
aussi les arbres du côté des terres en culture, par un contre-fossé de deux tiers de
mètre de largeur, que l'on rafraîchit exactement tous les trois et quatre ans, et en émondant les arbres aux mêmes époques.

Dans quelques localités, au lieu de contre-
fossés, on sème, le long des plantations, des

fourrages artificiels, qui produisent à peu près le même effet, celui d'arrêter l'allongement des racines des arbres.

2° Sur le bord des rivières et des ruisseaux non navigables. Pour que les plantations d'arbres puissent prospérer dans ces lieux, il faut que les rives des cours d'eau soient disposées de manière que, dans les débâcles, les glaces ne puissent point les endommager.

3° Autour des mares, des étangs, sur les bords des marais tourbeux, sur les marais non tourbeux, et généralement sur toutes les places fraîches et humides qui n'offrent aucun produit.

4° Autour des prairies encloses, lorsqu'elles ont une certaine étendue.

Si les clôtures sont en haies vives déjà anciennes, il faut en éloigner les plantations à un ou deux mètres de distance, et tenir les haies basses et rapprochées pendant les cinq ou six premières années : sans cette précaution, les arbres ne réussiroient pas. Si l'on plante la haie en même temps que les arbres il faut en éloigner encore ceux-ci à un mètre au moins de distance de son pied, afin de pouvoir les abattre à leur maturité sans endommager la haie. Même précaution pour les plantations à faire le long des haies de clôture des autres champs.

5° Sur les grandes routes.

Mêmes observations que pour la plantation des chemins vicinaux.

Plantations des bois résineux en massifs.

Dans tous les terrains et sous les températures qui sont favorables à la végétation des arbres feuillus, il est avantageux d'en cultiver les essences de préférence aux arbres résineux, et il est convenable de choisir ces derniers pour les terrains et sous la température qui ne peuvent admettre la culture d'aucune autre essence de bois durs.

Ainsi, dans nos climats, c'est sur les montagnes élevées et dans leurs terrains stériles, et sur ceux qui, jusqu'ici, se sont refusés à la végétation des arbres feuillus, que les propriétaires doivent essayer des plantations d'arbres résineux.

Les départemens de la Marne et de la Gironde leur offrent en ce genre des exemples dont l'imitation seroit un bienfait public et leur procureroit aussi de très-grands avantages.

C'est à M. de Pinteville-Cernon, c'est à l'exemple heureux qu'il en a donné, que les propriétaires du premier de ces départemens s'adonnent aujourd'hui à la plantation d'arbres résineux, sur des craies naguère réfractaires à toute espèce de végétation; et leur accroissement annuel fait espérer qu'un jour les localités crayeuses de ce département deviendront aussi célèbres par leur mâture, qu'elles l'ont été jusqu'à présent par leur stérilité : on les appeloit *Champagne* et *Brie pouilleuses.*

Dans celui de la Gironde, 1° en semis. Il est très-difficile, il seroit même trop dispendieux de faire de grands semis d'arbres résineux. Il ne seroit pas toujours possible de se procurer assez de bonnes graines pour en semer une grande superficie; 2° toutes les parties du sol à planter n'auroient généralement pas la qualité requise pour le succès du semis; 3° les soins qu'il faut prendre des jeunes plants, jusqu'à ce qu'ils aient acquis une certaine force pour les garantir de la gelée, de la trop grande ardeur du soleil, du gaspillage des oiseaux, et de la fréquentation des bestiaux, exigeroient nécessairement beaucoup de dépenses; 4° lors même que l'on consentiroit à faire ces dépenses, il ne seroit souvent pas possible de trouver assez de bras pour faire ces différens travaux en temps opportun; 5° toutes les précautions qu'il faudroit négliger, à raison de ces différentes circonstances, nuiroient évidemment au succès du semis, ou du moins en retarderoient beaucoup la végétation.

Mais on peut choisir, sur le terrain même, un emplacement pour y faire le semis dont les jeunes plants doivent ensuite couvrir toute sa surface; et la circonscription de cet emplacement permettra de donner alors au semis tous les soins que son succès peut exiger.

D'abord, on se procure des arbres déjà naturalisés sur le lieu même; en second lieu, tout le terrain, occupé par le semis, se trouve planté, parce qu'en enlevant les jeunes plants de cette pépinière on a l'attention d'y en laisser autant qu'il est nécessaire pour qu'elle soit suffisamment garnie; enfin on évite des frais de transport, toujours onéreux, et les racines des jeunes plants n'ayant pas le temps d'être desséchées dans un trajet aussi court, le succès de la plantation en est plus assuré.

Si la qualité du terrain ne permettoit pas de faire le semis de la pépinière sur le lieu même de la plantation, on choisiroit un emplacement convenable à cette destination.

Enfin, si le sol des champs se trouvoit trop mauvais pour y établir une pépinière d'arbres résineux, il faudroit bien se résoudre ou à en faire des semis dans ses jardins ou à acheter de jeunes plants des pépinières étrangères.

Plantations en jeunes plants.

Cette plantation ne diffère aucunement de celle des futaies en arbres de hautes tiges, en ce qui concerne l'ouverture des trous, et les précautions qu'il faut prendre en plantant ces arbres; seulement, à l'exception du mélèze, qui ne paroît pas souffrir des amputations qu'on lui a faites, on ne doit rien retrancher aux jeunes plants d'arbres résineux; c'est pourquoi il est important de les transporter bien jeunes; alors, après les avoir enlevés de la pépinière, on peut parer leurs racines sans aucun inconvénient; on les entoure ensuite avec de la mousse fraîche, afin de ne pas les laisser exposés au soleil, et on se hâte de les planter.

Travaux d'art pour la conservation et l'amélioration des bois en massifs.

Ces travaux peuvent être divisés en deux classes : en travaux de conservation, et en travaux d'amélioration.

Travaux de conservation.

Les propriétaires de bois ont souvent à se plaindre de leurs voisins ; les cultivateurs cherchent à faire périr les cépées qui les avoisinent, en endommageant les racines avec leur charrue, ou en les charmant, ou en faisant brouter leurs racines par leurs bestiaux ; et les voisins intérieurs se permettent souvent des anticipations.

Il faut donc que le propriétaire de bois puisse constamment se garantir de ces entreprises, autrement il se verroit insensiblement dépouillé de sa propriété.

Les bornes, telles qu'on les place ordinairement, sont insuffisantes pour cet effet ; car, malgré le respect dont la loi les environne, on les déplace aisément, ou on les enlève ; et d'ailleurs elles n'opposent aucun obstacle aux incursions des bestiaux. Ce n'est donc qu'avec des fossés que l'on peut espérer de procurer aux bois des bornes immuables, si, à l'extérieur, on se contentoit de donner à ces fossés la largeur légale d'un mètre deux tiers de largeur sur un mètre de profondeur, avec une relevée assez haute du côté du bois pour que les bestiaux ne pussent pas les franchir.

Quant aux anticipations intérieures, un fossé continu de séparation y feroit perdre du terrain gratuitement; et si la limite n'est pas en ligne droite, des bornes seroient insuffisantes pour arrêter ces anticipations. Pour obvier à ces inconvéniens, nous conseillons de faire sous bois, et sur les alignemens des limites, des portions de fossés de deux tiers de mètre de largeur, que l'on placeroit dans les endroits les moins dommageables. On les multiplieroit autant que cela seroit nécessaire; et en en faisant de semblables à chaque angle de limites intérieures, on n'auroit plus à y craindre aucune anticipation.

Travaux d'amélioration.

Ces travaux pourroient aussi être appelés de spéculation, parce qu'on ne doit les entreprendre que lorsque leur effet peut indemniser suffisamment de la dépense qu'ils ont occasionnée.

Ils consistent 1° dans le desséchement des parties des forêts dont l'humidité surabondante nuit évidemment à la végétation des essences de bois qui ne sont point aquatiques; 2° dans l'établissement de chemins toujours praticables, tracés dans les parties les plus convenables, et dirigés sur les ports voisins, ou sur les lieux de consommation, et dans celui des ruisseaux flottables, lors-. que les circonstances locales le permettent.

Ces différens travaux augmentent nécessairement le prix de la feuille de bois, soit par des produits plus grands en matières, soit par une grande diminution dans les frais d'exploitation et de transport.

C'est donc au propriétaire à calculer d'avance, et avant que de les entreprendre, la dépense et les effets de ces différentes améliorations, afin d'être en état de juger avec connoissance de cause celles qu'il doit rejeter et celles qu'il doit adopter.

Principales dispositions des ordonnances et des lois relatives aux bois des particuliers.

Avant la révolution, les bois des particuliers étoient soumis à un régime établi par l'ordonnance de 1669. Les propriétaires ne pouvoient couper leurs taillis qu'à l'âge de neuf ou dix ans; ils étoient obligés d'y réserver seize baliveaux de l'âge par arpent, et ils ne pouvoient faire abattre ces réserves qu'après une révolution de quarante ans, et avec la permission du grand-maître des eaux et forêts de leur arrondissement. Pendant la révolution, et aux termes de l'article 6 du titre Ier du décret de 1791, chaque propriétaire est libre d'administrer ses bois, et d'en disposer à l'avenir comme bon lui semblera ; mais l'abus que l'on a fait de cette liberté illimitée a motivé les restrictions suivantes, qui sont extraites textuellement de la loi du 9 floréal an 11.

TITRE PREMIER.

Du régime auquel seront soumis les bois des particuliers.

SECTION PREMIÈRE.

Des défrichemens.

1° Pendant vingt-cinq ans, à compter de la promulgation de la présente loi, aucun bois ne pourra être arraché et défriché que six mois après la déclaration qui en aura été faite par le propriétaire devant le conservateur forestier de l'arrondissement où le bois est situé.

2° L'administration forestière pourra dans ce délai faire mettre opposition au défrichement du bois, à la charge d'en référer, avant l'expiration de six mois, au ministre des finances, sur le rapport duquel le gouvernement statuera définitivement dans le même délai.

3° En cas de contravention à l'article précédent le propriétaire sera condamné par le tribunal compétent, sur la réquisition du conservateur de l'arrondissement, et à la diligence du procureur du Roi :

1° A remettre une égale quantité de terrain en nature de bois ;

2° A une amende qui ne pourra être au-dessous du cinquantième et au-dessus du vingtième de la valeur du bois arraché.

4° Faute par le propriétaire d'effectuer la plantation ou le semis dans le délai qui lui sera fixé après le jugement par le conservateur, il y sera pourvu à ses frais par l'administration forestière.

5° Sont exceptés des dispositions ci-dessus les bois non clos d'une étendue moindre de deux hectares, lorsqu'ils ne seront pas situés sur le sommet ou la pente d'une montagne, et les parcs ou jardins clos de murs, de haies ou fossés, attenant à l'habitation principale.

6° Les semis ou plantations des bois des particuliers ne seront soumis qu'après vingt ans aux dispositions portées en l'article 1er et suivant.

SECTION II.

Du martelage pour le service de la marine dans les bois des particuliers.

7° Le martelage pour le service de la marine aura lieu dans les bois des particuliers, taillis, futaies, avenues, lisières, parcs, et sur les arbres épars. La coupe des arbres marqués aura lieu comme pour les bois nationaux.

8º Le paiement s'effectuera avant l'enlèvement, qui ne pourra être retardé plus d'un an après la coupe, faute de quoi le propriétaire sera libre de disposer de ses bois.

9º En conséquence des dispositions des articles précédens, tout propriétaire de futaies sera tenu, hors le cas d'une urgente nécessité, de faire six mois d'avance, devant le conservateur forestier de l'arrondissement, la déclaration des coupes qu'il est dans l'intention de faire, et des lieux où sont situés les bois.

Le conservateur en préviendra le préfet maritime dans l'arrondissement duquel sa conservation sera située, pour qu'il fasse procéder à la marque en la forme accoutumée.

TITRE II.

SECTION II.

Des gardes de bois particuliers.

15º Les gardes des bois des particuliers ne pourront exercer leurs fonctions qu'après avoir été agréés par le conservateur forestier de l'arrondissement, et après avoir prêté serment devant le tribunal de première instance.

16º En cas de refus par le conservateur d'agréer lesdits gardes, celui qui les aura présentés pourra se pourvoir devant le préfet du département, qui statuera.

Différens droits d'usage et de jouissances indivises.

Le premier de ces droits est celui d'essartage, ou d'écobuage, qu'exercent certaines communautés usagères dans les coupes ordinaires de bois qui les environnent.

Cet usage fait périr beaucoup de souches et une grande quantité de glands ; il éclaircit les bois et diminue progressivement leurs produits.

Le second est connu sous le nom d'affectations pour le service des usines.

Les maîtres des forges ne voient dans l'usage des bois qui leur sont affectés que la faculté de se procurer, presque gratuitement, la quantité de charbon nécessaire à la consommation annuelle de leurs usines ; ces bois sont généralement mal exploités, parce qu'on néglige tout ce qui n'est pas susceptible d'être converti en charbon.

Vente de bois taillis.

Ces bois doivent être vendus, tant pleins que vides, y compris même la superficie des fossés de limites, et sous la condition d'y conserver les arbres de réserve qui seront marqués et dont le nombre sera déterminé, afin que chaque procès-verbal d'adjudication devienne un titre nouveau de la propriété.

Les adjudicataires ne pourront les embûcher, ou commencer leur coupe, qu'après la chute des feuilles; ils auront temps de coupe jusqu'au 15 avril suivant, et pour vider jusqu'en octobre ou novembre de la même année, afin d'avoir le temps de rafraîchir les fossés des limites avant le commencement de la végétation de leur seconde feuille.

3° Les taillis seront coupés à la cognée et non autrement, à fleur de terre et en bec de flûte, sans en écuisser ni éclater les souches, en sorte que les brins des cépées n'excèdent pas la superficie de la terre, s'il est possible, et que tous les anciens nœuds recouverts et causés par les précédentes coupes ne paroissent aucunement.

4° Les adjudicataires ne pourront essoucher aucun bois, sous peine de toutes pertes et indemnités.

5° Ils ne pourront faire paître les bestiaux servant à la vidange, ni dans les ventes, ni sur aucune des propriétés du vendeur; même pour éviter que les bestiaux ne puissent brouter le recru en traversant la vente, les adjudicataires sont tenus de les faire museler.

6° Le vendeur ne s'oblige en aucune manière de fournir aux adjudicataires, pour la vidange, d'autres chemins que ceux d'usage; et si pour l'opérer ils étoient obligés de traverser des champs, ils seront tenus d'en payer le dommage.

7° Les adjudicataires sont encore tenus de

faire couper, receper et ravaler le plus près de terre que faire se pourra, tous les estocs et souches de bois pilés et rabougris étant dans les ventes, sous les peines de droit.

8° Les temps de coupe de bois et de leur vidange étant expirés, s'il se trouve dans les ventes des bois sur pied ou abattus, ils seront confisqués au profit du propriétaire.

9° Les adjudicataires sont tenus de faire exécuter à leurs frais ou de rafraîchir les fossés des limites, dans les dimensions qui leur seront prescrites.

10° Ils demeurent responsables, pendant tout le temps de leur exploitation, des délits qui pourroient se commettre au son et à l'ouïe de la cognée, tant dans la vente ou usance, que dans les triages qui l'avoisinent.

Nous ne parlons point ici de la clause facultative de faire de l'écorce dans les taillis; on en trouvera la discussion et les dispositions à l'article.

En tenant rigoureusement à l'exécution de ces mesures, les taillis repousseront avec d'autant plus de vigueur que les brins en auront été coupés plus bas.

D'ailleurs la coupe entre deux terres, des souches et estocs anciennement abattus trop haut, nous paroît absolument nécessaire pour en restaurer la végétation.

Vente de baliveaux sur taillis.

Cette vente doit être faite dans le même temps que celle du taillis, et les arbres en seront abattus immédiatement après la coupe du taillis, afin que leur exploitation ne nuise point à son recrû.

Clauses de cette vente.

1° Les arbres seront coupés le plus bas qu'il sera possible, et seront abattus de manière qu'ils tombent dans la vente sans endommager les réserves, à peine, contre l'adjudicataire, de tous dommages et intérêts.

2° S'il arrivoit que ces arbres fussent encroués, il ne pourra faire abattre l'arbre sur lequel celui qui sera tombé se trouvera encroué, sans la permission du vendeur, et après être convenu de l'indemnité qui doit en résulter à son profit.

3° Si, pendant l'usance de la vente, aucuns des arbres réservés et marqués étoient arrachés ou abattus par les vents et orages, ou par autre accident, l'adjudicataire les laissera sur place et en donnera avis au propriétaire, afin de les remplacer parmi les arbres abandonnés qui ne seroient point encore abattus.

4° L'adjudicataire sera tenu de laisser sur pied tous les baliveaux et autres arbres marqués pour réserves, à peine d'une amende au profit du propriétaire , qui sera localement proportionnée à la valeur du bois, par chaque pied d'arbre de réserve, qui se trouveroit de moins lors du récolement; l'amende ne pourra être moindre du double de la valeur du délit.

3° *Article commun à ces deux premières ventes.*

Le récolement des baliveaux et arbres de réserve aura lieu dans le cours du mois d'octobre de l'année d'usance ; et dans le cas où les adjudicataires voudroient faire réarpenter le taillis, ils seront obligés de se servir de l'arpenteur du vendeur, et à leurs frais.

Les souches des baliveaux et des modernes repoussent toujours de belles cépées, mais celles des arbres anciens périssent presque toutes. Pour prévenir cet inconvénient, qui établit souvent de grands vides dans les bois, nous avons adopté, avec assez de succès, l'usage de recouvrir les vieilles souches d'environ un décimètre d'épaisseur de terre, immédiatement après l'abattage des arbres.

Vente par pied d'arbre.

Les clauses de ces ventes sont les mêmes que celles de la vente des baliveaux sur taillis ; seulement, si les arbres sont en avenue, on y joint la faculté de l'arrachement des souches et le remplissage des trous, parce qu'on ne peut pas replanter dans les mêmes places : quelquefois aussi on charge l'adjudicataire de replanter à ses frais ces avenues, sous les conditions et avec les précautions qui seront indiquées pour la plantation des avenues.

4° *Vente par éclaircissement ou par ex-purgade.*

On connoît les bons effets que les éclaircissemens produisent sur la végétation des taillis trop fourrés, lorsqu'ils ont atteint l'âge de huit à dix ans.

Les propriétaires intelligens les font exécuter sous leurs yeux avec sagesse et mesure ; ils en retirent des liens, des rouettes, des fagots, des bourrées, dont la vente les indemnise amplement des frais de cette exploitation, et ils y trouvent ensuite un très-grand avantage, lorsque le taillis est arrivé à son âge d'aménagement.

Mais autant cette opération favorise le grossissement des taillis, lorsqu'elle est bien faite, autant elle leur fait de tort lorsqu'on en abuse ; c'est pourquoi les éclaircissemens des taillis ne devroient jamais être l'objet d'une vente par adjudication, et ils sont défendus dans les forêts royales.

Vente de recepages.

On ne peut se dispenser de receper les bois incendiés, pillés et abroutis par le bétail, ainsi que ceux qui ont été endommagés par la gelée ou par la grêle. Dans ce cas, l'adjudication des recepages se fait dans les mêmes termes que celle des ventes de bois taillis.

Ces adjudications n'ont aucun inconvénient lorsque les recepages se font en masse ; mais s'ils ne doivent avoir lieu que par parties séparées, ils deviennent de véritables éclaircissemens, et alors il n'est pas prudent de les mettre en adjudication.

Une clause qu'il faut rendre commune à toutes les ventes de bois, c'est de réserver au propriétaire la faculté de ne point adjuger définitivement, si le dernier enchérisseur n'en porte pas la valeur au taux de l'estimation, afin de prévenir les coalitions entre les marchands.

De tout temps on a su que chaque espèce de bois donnoit au feu une chaleur différente, se consumoit plus ou moins promptement ; que les très-jeunes et les très-vieux arbres étoient moins bons à brûler que ceux d'un âge moyen.

Il étoit réservé à M. Hafig de nous éclairer à cet égard. Son petit ouvrage intitulé *Expériences physiques* sur les rapports de combustibilité des bois entre eux, est rempli de faits nouveaux d'une grande importance pour la science de l'économie.

L'écorcement des arbres sur pied transforme leurs aubiers en bois parfait, et augmente par conséquent la grosseur de leurs échantillons, mais ne concourt que fort peu à leurs forces.

C'est à l'ombre et à l'abri de la pluie qu'il est bon de faire dessécher les bois destinés au service des constructions civiles et navales, de la menuiserie, du charronnage, du tour, etc.; et il faut un nombre d'années souvent considérable. Duhamel a trouvé qu'une poutre n'étoit pas encore sèche à son centre au bout de quinze ans d'exposition à l'air libre.

Le bois employé dans les arts n'est jamais trop sec. On a de tout temps désiré pouvoir, en peu de mois, en peu de jours, en peu d'heures même, dessécher les bois de service. Les moyens qui ont le mieux réussi ont été de les mettre dans l'eau douce et salée, ou de les faire bouillir dans l'eau. Ces procédés remplissent leur objet ; mais en enlevant la partie muqueuse de la sève, ils diminuent la cohésion des fibres ligneuses, et les rendent plus foibles et plus susceptibles de pourriture. On ne doit donc les employer que dans des cas rares.

L'eau courante agit plus promptement sur le bois que l'eau dormante; l'eau douce que l'eau salée.

Les bois qui commencent à s'altérer par suite de leur vieillesse ou de quelque autre cause, achèvent de se décomposer par une action insensible lorsqu'ils sont employés. Souvent une poutre qui paroît saine au moment où on la met en place, est réduite en poudre au bout de quarante à cinquante ans, sans qu'on puisse en deviner la cause et le mode. On appelle ces sortes de bois, bois échauffés : des yeux exercés jugent assez sûrement de cette disposition du bois, par sa contexture plus tendre et par sa couleur plus blanche. Cette singulière maladie commence le plus souvent par le centre et par le bas de l'arbre, quelquefois par tout autre point. Toujours elle se développe en cône plus ou moins alongé ; souvent elle a lieu dans une poutre sans qu'on puisse le préjuger par l'inspection de ses deux bouts et de ses surfaces. On peut la regarder comme une sorte de carie. Mais comment la carie se continueroit-elle dans un arbre mort ? l'amputation ou le feu peuvent seuls arrêter ses effets.

Un excellent procédé pour assurer la durée des bois seroit de les faire bouillir dans une huile chargée d'oxide de plomb ou de fer ; mais la dépense de cette opération ne permet de le faire que pour de petites pièces, la peinture à l'huile que l'on emploie si souvent est déjà trop coûteuse dans un grand nombre de cas.

On a très-souvent préconisé des moyens à l'effet d'empêcher les bois de brûler. Le plus certain est de les faire tremper dans une dissolution d'alun (sulfate d'alumine), à raison de la propriété qu'a ce sel de se bour-

IV.   9

souffler en perdant son eau de cristallisation
par l'action du feu, et par conséquent d'ôter
toute communication, sans laquelle il n'y a
pas de combustion.

CHAPITRE V.

Le chéne-liége. (Quercus suber.)

Son écorce est très-épaisse et mollasse, c'est
elle qui constitue le liége. Il croît naturellement dans les parties méridionales de l'Europe , et en Afrique.

Lorsque l'arbre a acquis environ vingt ans,
on enlève son écorce , qui cette fois est cre-
vassée, remplie de cellules et de parties ligneuses , et n'est bonne qu'à brûler ou à être
employée dans les tanneries; car elle est astrin-
gente comme celle de tous les autres chênes.
On y parvient en la coupant circulairement
au-dessous des grosses branches, et à quelques pouces de terre, et en la fendant du
haut en bas, dans deux ou trois endroits,
avec une hachette faite exprès, et dont le
manche est terminé en coin pour achever l'o-
pération. Il faut avoir attention de ne pas
entamer l'écorce intérieure, ou le liber, ce
qui feroit une blessure nuisible à la bonté des
récoltes suivantes. Au bout de huit à dix autres années, cette écorce est régénérée, et
on l'enlève de nouveau; mais elle n'a pas en-

core la perfection qu'on désire. Elle sert aux pêcheurs et aux différens arts. Huit à dix ans après l'écorce a ordinairement acquis l'épaisseur et la qualité convenables ; et, depuis cette époque jusqu'à la mort de l'arbre, c'est-à-dire pendant deux ou trois siècles peut-être, on continue de la récolter à la fin des mêmes intervalles.

L'écorce du liége, détachée de l'arbre, reprend plus ou moins la forme circulaire qu'elle y avoit, et, pour la lui faire perdre, on la chauffe, même on la grille à la flamme, et ensuite on l'entasse sur un sol uni, et on la charge d'un grand nombre de grosses pierres dont le poids la force à se redresser ; cette opération a de plus l'avantage de resserrer ses pores et de lui donner du nerf, comme disent les bouchonniers. Les qualités qui constituent un bon liége sont d'être épais au moins de quinze lignes, souple, élastique, ni ligneux ni poreux, et de couleur rougeâtre ; le jaune est moins bon ; le blanc qui n'a pas été flambé est le plus mauvais.

La culture du liége est positivement la même que celle du chêne-yeuse ; il demande comme lui à être semé en place, car il souffre difficilement la transplantation, même dans sa première jeunesse.

On emploie, comme on sait, le liége à une infinité d'usages utiles, et même en médecine ; brûlé et réduit en poudre, il est astringent. On fait à Rome, avec du liége, des modèles en petit et en relief, imitant des ruines des plus beaux monumens antiques. Ces modèles sont charmans par la vérité du ton de couleur et de l'imitation.

~~~~~~

CHAPITRE VI.

Charbon de bois, charbon de terre ou houille, et tourbe.

Quand le charbon est bien sec, et principalement la braise des boulangers, il absorbe avec rapidité l'humidité de l'atmosphère; aussi est-il le procédé le plus économique qu'on puisse employer pour dessécher les appartemens humides, d'autant plus que lorsqu'il est saturé d'eau il suffit de le faire chauffer pour le rendre aussi propre que la première fois au même objet. Cette propriété du charbon s'applique, au reste, depuis long-temps, à la conservation de la poudre de guerre, c'est-à-dire qu'on renferme le baril qui la contient dans un baril plus grand, et qu'on remplit l'intervalle avec de la poussière de charbon. Par ce moyen, cette poudre peut se garder plusieurs années, exempte d'humidité, dans les navires, et plusieurs mois dans l'eau même.

On a découvert dans ces derniers temps, ou peut-être on a découvert de nouveau, car il est difficile de croire qu'une observation aussi importante ait échappé à l'an-
~~~~~~

tiquité, que la poussière de charbon avoit la propriété d'absorber toutes les matières animales et végétales, décomposées et tenues en dissolution dans l'eau. Aujourd'hui donc, les eaux des cloaques les plus infects, des mares les plus boueuses, peuvent être rendues aussi claires et agréables au goût que celles des meilleures fontaines, par une filtration lente à travers quelques pouces d'épaisseur de cette poussière. Les amis de l'humanité ne sauroient trop publier ce fait ; car combien de cultivateurs périssent annuellement pour avoir bu, pendant les chaleurs, de ces eaux altérées par la putréfaction, qu'on trouve dans certains cantons de plaine ou de marais ! Il est très-peu de personnes assez pauvres pour n'être pas en état d'acheter un demi-tonneau, d'y adapter une cannelle ou robinet de bois percé, du côté intérieur, de plusieurs petits trous, et mettre dedans, sous un faux fond mobile, cinq à six livres de poussière de charbon.

Les navigateurs, qui sont généralement peu délicats sur la nature de l'eau qu'ils consomment, commencent à se pourvoir de tonneaux ainsi préparés, au moyen desquels ils peuvent conserver de la bonne eau pendant le cours du voyage le plus long. La seule précaution à prendre, c'est de renouveler le charbon tous les deux ou trois mois. Le charbon ainsi employé, quoiqu'ayant souvent acquis une mauvaise odeur, n'en est pas moins propre à la combustion ; on peut même l'employer plusieurs fois comme filtre, en le faisant rougir de nouveau, chaque fois pendant quelques minutes.

Les Anglais se contentent de carboniser l'intérieur des tonneaux dans lesquels ils mettent leur eau; mais ce moyen n'a pas des effets durables, et celui ci-dessus lui est préférable. On tire encore parti de la faculté qu'a le charbon de décomposer les gaz, pour empêcher les viandes de s'altérer par la putréfaction, et pour les rétablir lorsqu'elles n'ont encore qu'un commencement d'altération. En effet, l'expérience a prouvé 1° que lorsqu'on enterroit un morceau de viande, un poisson, dans une masse de charbon, ils s'y conservoient intacts, pendant les plus grandes chaleurs, un nombre de jours peut-être décuple de celui où ils se seroient conservés dans toute autre situation, quelque favorable qu'on la suppose; 2° que lorsqu'on faisoit bouillir de la viande ou du poisson légèrement altéré, dans de l'eau où on a mis de la poussière de charbon, cette viande ou ce poisson perdoit sa mauvaise odeur, et devenoit propre à être mangé sans répugnance. Le seul inconvénient qu'aient ces deux procédés, c'est que la viande ou le poisson prennent, lorsqu'on n'a pas soin, dans le premier cas, de leur donner de l'air toutes les nuits, et lorsqu'on ne change pas l'eau deux ou trois fois, dans le second, un goût qui n'est pas agréable.

Le meilleur objet qu'on puisse employer

pour se nettoyer les dents est certainement le charbon, en ce que non-seulement il agit comme corps dur, mais qu'il décompose le tartre et la matière de la carie. On a vu des douleurs de dents disparaître à la suite de cette opération, comme par enchantement, et les haleines fétides n'y résistent jamais, surtout lorsqu'on avale un peu de poussière de charbon. Des expériences ont prouvé que sa seule application pourroit être très-utile dans les abcès, et même dans la gangrène.

Lorsqu'on fait bouillir le plus mauvais miel sur du charbon, il perd jusqu'à son goût de miel, et s'assimile presqu'entièrement au meilleur sirop de sucre.

En général on conserve le charbon dans des caves et autres lieux humides ; mais par cela seulement on altère sa qualité. Tout charbon vieux, ainsi conservé, est fétide et brûle lentement. Il vaut beaucoup mieux le conserver dans un grenier.

On fabrique le charbon dans les forêts, en faisant avec des bûches de trois pieds de long et deux pouces de diamètre moyen, placées parallèlement les unes aux autres, et un peu inclinées vers le même point, des cônes ou mieux des demi-sphères, et au centre desquels on met le feu, après avoir couvert de terre leur surface dans une épaisseur d'environ un pied. Le feu consume lentement le bois au moyen des ouvertures qu'on a réservées dans la couverture, et dont on augmente ou diminue le nombre ou la largeur au besoin.

Il y a long-temps qu'on sait que la propriété d'absorber une grande quantité d'eau et de la retenir avec force pendant long-temps, rend le charbon un excellent amendement pour les terres légères et brûlées par le soleil. Les amateurs de fruits en mettent souvent quelques poignées recouvertes de terre au pied de leurs espaliers exposés au midi, pour y entretenir la fraîcheur.

Charbon de terre ou *houille*.

Substance noire, légère, qui se divise facilement avec la flamme ; se trouve en couches plus ou moins épaisses dans les schistes primitifs ou dans leur voisinage, et que, dans beaucoup de lieux, on substitue au bois dans les usages économiques et dans tous les arts où le feu est nécessaire.

On a beaucoup varié d'opinion sur l'origine du charbon de terre ; quelques personnes le regardent comme le résultat de la précipitation de l'huile que contenoit l'eau-mère dans laquelle ont cristallisé les granits. D'autres ont cru qu'il étoit produit par des émanations volcaniques. Enfin, le plus grand nombre des naturalistes pensent qu'il doit son origine aux végétaux de l'ancien monde portés par les rivières dans la mer, et repoussés par la mer dans les anses, rades, etc.

La mauvaise odeur que répand en brûlant le charbon de terre, et les pyrites qui l'accompagnent souvent, se décomposant par l'effet de la combustion, et exhalant des vapeurs sulfureuses, nuisibles dans beaucoup de cas, ont fait imaginer de réduire en charbon le charbon de terre par un procédé analogue à celui qu'on emploie pour fabriquer le charbon de bois. Il en résulte une substance beaucoup plus légère que la matière employée, et qui brûle presque sans flamme, en donnant cependant une chaleur aussi intense qu'elle; on l'appelle *coak* de son nom anglais.

C'est en couches plus ou moins épaisses, plus ou moins étendues, plus ou moins nombreuses, toujours accompagnées en-dessous de couches de grès ou de schiste, qu'on trouve le charbon de terre. On le tire de la terre par le moyen de galeries parfaitement analogues à celles en usage dans les mines métalliques.

Tourbe.

Lorsque les plantes herbacées, réunies en masse, se décomposent à l'air, elles produisent du terreau, et lorsque, dans la même circonstance, elles s'altèrent dans l'eau, elles donnent de la tourbe. Ainsi donc la tourbe ne diffère du terreau que parce qu'il est resté dans sa composition des parties que le terreau a perdues.

Toutes les espèces de plantes herbacées peuvent fournir de la tourbe, mais ce sont

les plantes qui vivent dans l'eau qui la forment; et parmi elles, certaines qui sont beaucoup plus abondantes, telles que les pota-
mots, les renoncules, les myriophylles, les
charagnes, les conserves, les sphaignes, les
lenticules, les calitriches, les roseaux, les
typhes, les scirpes, les flûteaux, les buto-
mes, les prêles, les rubaniers, les choins, etc.

Rarement on trouve des dépôts de tourbe
parfaitement pure, parce que les alluvions
y ont presque toujours amené, soit par instans, soit continuellement, des terres ou
des sables qui n'en font pas par conséquent
partie constituante, quoiqu'on l'ait dit.

De toute ancienneté, dans certains cantons
abondans en tourbe, on l'emploie comme com-
bustible, soit pour le chauffage et les usages
domestiques, soit dans les manufactures à feu.

La tourbe en masse, lorsqu'elle est pure,
c'est-à-dire lorsqu'elle n'est pas mélangée naturellement avec des terres ou des sables, ne
peut servir à la végétation d'autres espèces de
plantes que celles que la nature lui a exclusivement attribuées : voilà pourquoi les marais
tourbeux sont si dénués d'arbres; voilà pourquoi elle est complètement infertile, lorsqu'elle est desséchée. Cette particularité n'a
pas été expliquée.

Lors donc qu'on voudra employer de la
tourbe comme engrais, on la laissera se dessécher et se réduire en poudre, et on la
mêlera en plus ou moins grande quantité,
selon sa pureté et la nature du sol sur le-

quel elle devra être employée, avec celles des substances ci-dessus qui seront le plus à la portée; on en fera des tas qu'on arrosera dans les sécheresses avec de l'eau pure, ou mieux avec des égouts de fumier, des urines, etc.

Outre ces moyens de rendre la tourbe soluble, et par conséquent propre à concourir à la fertilité des terres, on l'a encore indiquée comme pouvant servir à augmenter avantageusement la masse des engrais, soit en la répandant dans les écuries et les étables, soit en la mélangeant avec le fumier dans la cour, soit en la mettant dans les fosses, avec toutes les matières animales et végétales dont on peut disposer.

Les terrains tourbeux ne sont pas faciles à rendre propres aux cultures usitées ; cependant, avec du travail et du temps, on y parvient : il y a deux manières d'y procéder.

La première, en donnant de l'écoulement aux eaux et en chargeant la tourbe d'une épaisseur de terre suffisante pour que deux arbres puissent y être plantés avec succès ; c'est celui qu'on a employé pour faire les promenades de la ville d'Amiens, promenades qui sont garnies de si beaux arbres ; mais il est trop coûteux pour être employé dans les spéculations agricoles.

La seconde, en donnant de l'écoulement aux eaux, en brûlant la surface de la tourbe après sa dessiccation. Ce moyen est généralement usité dans les marais de la Hollande :

là , tous les ans , ou tous les deux ans , ou même seulement tous les deux ou trois ans , jusqu'à ce qu'on soit arrivé au point convenable , on approfondit les fossés d'écoulement, et on diminue l'épaisseur de la tourbe, en en brûlant la surface. Les terrains qu'on obtient ainsi sont d'une fertilité extraordinaire : c'est sur eux qu'on nourrit ces monstrueux bœufs , qu'on cultive ces énormes choux , etc. , qui font la fortune des agriculteurs. Les arbres sont plus long-temps avant d'y prospérer que les plantes ; souvent, après douze ou quinze ans de culture , on ne peut pas encore en planter avec succès. Pour accélérer cette époque , on apporte de la terre des montagnes qui entourent les moors , on en remplit des trous de six pieds carrés , et c'est dans ces trous qu'on plante les arbres. Lorsque les racines arrivent à la tourbe, elles ont assez de force pour surmonter ses mauvais effets.

CHAPITRE VII.

TRUFFES (Tuber) ET CHAMPIGNONS.

Genres de plantes de la cryptogamie , et de la famille des champignons.

C'EST dans les terrains secs et légers , dans les forêts situées sur les montagnes , qu'on trouve le plus fréquemment les truffes.

Les truffes commencent à se montrer dès le mois de mai ; cependant, ce n'est qu'au mois d'octobre qu'elles sont bonnes à récolter. A cette époque, les habitans des campagnes s'occupent de leurs recherches, soit au hasard, en fouillant la terre où on préjuge qu'il doit s'en trouver, soit, ce qui est beaucoup plus sûr, avec un cochon ou un chien qu'on a dressé à les indiquer.

Les indices auxquels on reconnoît une truffière sont 1° l'absence des plantes, les truffes les faisant souvent périr ; 2° le soulèvement de la terre, les truffes étant ordinairement de la grosseur d'un œuf de poule, et enfoncées seulement de deux à trois pouces en terre ; 3° la présence des colonnes de très-petites mouches et tipules, dont les larves vivent aux dépens des truffes, et qui s'élèvent en colonnes au-dessus d'elles. Les cochons recherchent les truffes avec passion, lorsqu'ils en ont une fois goûté, ils les indiquent donc en fouillant la terre ; mais il faut les museler ou les surveiller, car ils ne savent pas obéir au commandement.

On conserve les truffes hors de terre pendant près d'un mois, lorsqu'on les a récoltées à l'époque de la maturité, qu'on ne les a pas endommagées, et qu'elles sont dans un air ni trop chaud, ni trop humide, ni trop stagnant, ni trop agité ; mais comme il est rare de pouvoir faire naître toutes ces circonstances, on ne doit pas compter sur plus de douze ou quinze jours de conservation : cependant, lorsqu'on les laisse dans la terre où on les a trouvées, ou qu'on les met sur-le-champ dans du sable, il est possible de les conserver deux ou trois mois.

En général, quand on veut garder des truffes pour l'hiver, on doit les faire sécher au four, après les avoir coupées par tranches très-minces, ou les faire confire dans l'huile ou la graisse.

L'arome des truffes, et peut-être la légère substance qu'elles contiennent, suffisent pour conserver la viande ; car l'on observe que les volailles farcies de truffes ne se gâtent pas aussi promptement. Les truffes à odeur d'ail répandent, lorsqu'elles sont putréfiées, une vapeur infecte, comme celle de la chair pourrie.

Les truffes fraîches paroissent contenir un acide : à nu hachées, et mises dans du lait bouillant, elles le coagulent et le caillent, forment un fromage à la truffe, d'une odeur particulière, qui pourroit devenir un mets agréable s'il étoit préparé avec soin ; mais les truffes sont un aliment très-malsain.

Des champignons.

Il n'y a pas de règles générales pour distinguer les bons des mauvais champignons : tous les préceptes, à cet égard, qu'on trouve dans les auteurs, sont sujets à des exceptions sans nombre.

La plus grande partie des champignons vénéneux paroissent agir comme violens émétiques, quelques-uns comme éponges indigestibles, etc. ; des vomissemens et du vinaigre étendu d'eau, je le répète, sont les seuls remèdes à employer. Les huiles ne produisent pas des effets aussi certains ni aussi prompts que l'ipécacuanha ou l'émétique : le lait ne doit venir qu'après pour remettre l'estomac affoibli. M. Parmentier, à qui on doit un très-bon travail sur les champignons vénéneux, conseille de s'abstenir de toutes les espèces, car le plus sain est au moins sujet à donner des indigestions qui peuvent être suivies de la paralysie et autres accidens.

De toutes les espèces de champignons, une seule est cultivée, c'est l'agaric succulent ; on le fait naître à volonté sur des couches, auxquelles on donne aussi le nom de *meules*.

On a remarqué que le fumier des chevaux qui sont constamment au sec et mangent beaucoup d'avoine est meilleur pour faire des couches à champignons, que celui des chevaux qui mangent de l'herbe fraîche.

CHAPITRE VIII.

Des oliviers.

Olivier, *olea*, arbre qu'on croit originaire de la Grèce ou de l'Asie mineure.

L'olivier véritablement sauvage ne peut se trouver en France ; mais les botanistes sont convenus d'appeler de ce nom, *oleaster*, ceux qui sont venus de graines, et ont crû sans culture dans les bois, les haies, les fentes des rochers, et autres lieux.

Le froid est le seul destructeur de l'olivier ; sans lui, il seroit immortel.

Toute espèce de terre, pourvu qu'elle ne soit pas marécageuse, convient à l'olivier.

Il est rare que l'olivier ne soit pas chargé chaque année de fleurs ; mais généralement il ne donne abondamment du fruit que tous les deux ans, et s'il survient une pluie ou un vent froid pendant que ses fleurs sont épanouies, il n'y a pas de récolte de fruit, même dans l'année d'abondance.

L'olivier a l'avantage de se multiplier par toutes les voies possibles. La meilleure est celle qu'on pratique le moins, c'est-à-dire le semis de noyaux.

L'olive, arrivée à maturité, contient quatre espèces d'huile :

1° Celle de la peau. Elle est renfermée dans des vésicules globuleuses, ou en forme de points distincts. Quoique analogue à celle

de la chair, elle est plus résineuse, c'est-
à-dire contient de l'huile essentielle.

2° Celle de la chair. Elle est contenue
dans des vésicules irrégulières qui se touchent, et ne sont visibles que lorsque l'olive
est encore verte. L'intervalle de ces vésicules
renferme une eau de végétation d'abord âpre
et acerbe, ensuite amère ; il s'y trouve suspendu une fécule indissoluble à l'eau.

3° Celle du noyau. Elle est très-peu abondante ; c'est plutôt une espèce de mucilage
épais d'une saveur fade qui rancit promptement, et prend une odeur et un goût exé-
crables.

4° Celle de l'amande. Elle est d'une nature
particulière, un peu âcre quoique douce, ne
formant pas de dépôt, mais se rancissant
promptement; elle est jaunâtre et limpide : on
en retire environ un tiers du poids du noyau.

1° Il faut cueillir les olives un peu avant
leur maturité complète, lorsqu'on veut avoir
de l'huile fine, et qui sente son fruit, comme
on dit vulgairement ; 2° on a un mois pour
cueillir toutes celles dont on veut faire de
l'huile commune ; 3° encore plus pour celles
de la qualité de laquelle on ne s'inquiète
pas, comme celle destinée à faire du savon,
à préparer les peaux, etc.

On a dit, dans la description des variétés
d'oliviers, qu'il y en avoit qui donnoient
un fruit doux, et qu'on pouvoit manger
sans préparation, aussitôt qu'elles étoient
arrivées à l'époque de leur maturité ; mais

ces variétés sont rares. Généralement, pour pouvoir faire usage des olives comme aliment, il faut détruire l'âcreté et l'amertume dont elles sont presque toutes pourvues. L'expérience a appris que l'eau seule suffisoit pour les en dépouiller, mais qu'il falloit long-temps pour qu'elle produisît cet effet sur des fruits entiers.

Lorsqu'on désire rendre des olives promptement mangeables, il faut les cueillir vertes, c'est-à-dire en octobre ou en novembre, et les mettre dans de grandes jattes d'eau, qu'on renouvelle tous les jours. Au bout de neuf à dix jours, on cesse de renouveler l'eau, et on la sale fortement; quelques jours après on y ajoute des graines de fenouil et du bois rose; alors on peut en faire usage.

L'emploi de l'eau chaude rend ce procédé bien plus court, mais les olives ne se gardent pas.

Les olives qu'on destine à être conservées subissent, avant celles dont il vient d'être fait mention, une autre préparation dont on doit la connoissance à Picholini, d'où vient le nom de picholines, sous lequel sont connues celles qu'on met dans le commerce.

Cette préparation consiste à les mettre dans une lessive caustique, c'est-à-dire dans une dissolution de potasse ou de soude, rendue caustique par le moyen de la chaux, et de les y laisser jusqu'à ce que leur chair cesse d'être adhérente au noyau. Si la lessive étoit

aussi caustique que celle des savonniers, elle
produiroit son effet en peu de minutes; mais
les olives deviendroient noires, s'amolliroient,
et ne tarderoient pas à tomber en pourriture. Il vaut mieux, en général, que la lessive soit foible et qu'elles y restent plus
long-temps.

Une recherche dans la préparation des
olives confites, qui ne date pas de bien loin,
est celle qui consiste à les fendre lorsqu'elles
sont sorties de leur saumure, à ôter leur
noyau, et à mettre en place un petit morceau d'anchois ou une câpre. Ces olives sont
ensuite renfermées dans des bouteilles pleines
d'huile fine. Ainsi disposées, elles restent
agréables tant que l'huile n'est pas altérée,
c'est-à-dire deux ou trois ans.

Il n'y a pas d'huile plus limpide, plus
fine et moins sujette à former des dépôts,
que celle provenant des oliviers sauvages.
Ces arbres sont presque tous différens les
uns des autres, et leur fruit ne se ressemble
qu'en ce qu'il a la chair peu épaisse, et
qu'elle se dessèche facilement. On a vu plus
haut que les matières fibreuse et mucilagi-
neuse de cette chair, les seules susceptibles
de la fermentation putride, et qui forment
ce qu'on appelle le dépôt, ou la lie d'huile,
sont ce qui contribue le plus à l'altérer.
En général, plus l'olive est acerbe, et plus
l'huile qu'elle fournit est de bonne qualité;
plus elle est mûre, et plus elle est grasse
et désagréable au goût.

CHAPITRE IX.

Orangers, citronniers, limoniers, grena-
diers.

LES orangers, proprement dits, ont les fruits ronds et doux; les citronniers les ont alongés et acides. On en connoît un grand nombre de variétés.

Il est plus difficile de séparer les limo-moniers des citronniers, que ceux - ci des orangers. On se fait une méthode sur l'habitude de les voir et de les comparer; cette manière est plus sûre ; à la vérité, il n'en résulte pas un grand inconvénient quant à la nomenclature, et aucun pour la conduite de l'arbre.

Les citronniers et les limoniers sont plus affectés du froid que l'oranger. Les uns et les autres forment de très-grands arbres dans leur pays natal, et on y voit souvent des orangers dont le tronc a jusqu'à soixante pieds de hauteur, sur six ou huit de cir-conférence.

Les semis , les boutures, les provins et les marcottes, servent à multiplier ces arbres, et les Génois ont établi une branche de commerce de ces provins et de ces mar-cottes. Ce sont eux qui fournissent les pépi-niéristes de Provence.

Des semis.

Il convient de choisir les plus beaux citrons, les plus belles oranges, ou mieux des bigarrades, de les laisser pourrir, et d'en séparer ensuite les pepins. L'homme a regardé comme de son domaine toutes les espèces de fruits; mais la nature en a originairement destiné la chair, ou la pulpe, pour la perfection de la semence : c'est donc un petit sacrifice à faire lorsqu'on désire avec une graine parfaite.

Aussitôt après avoir séparé la semence de la pulpe, on la confie à la terre; si elle est sèche et maintenue telle, la semence ne germera pas, elle se conservera pendant l'hiver, et ne développera sa radicule qu'au printemps.

Les semences mises en terre dans le cours de l'été donnent et produisent les rudimens de petits arbustes si tendres et si délicats qu'ils passent difficilement l'hiver, même dans les bonnes orangeries. Il est donc avantageux d'avoir des graines prêtes à germer au printemps, telles que celles que l'on met en terre et que l'on y conserve pendant l'hiver. La terre ou le sable empêche que la semence ne se dessèche et ne se hâle par l'impression de l'air, et sa germination est beaucoup plus prompte que celle qui n'a pas été conservée par ce moyen.

Ou sème, en général, trop épais les graines; elles doivent être placées en échiquier, et au moins à quatre pouces de distance les

unes des autres : on en verra bientôt la
raison. La terre destinée au semis doit être
composée, moitié de terreau de vieilles couches bien consommé, et moitié d'une bonne
terre franche. Au défaut de ce terreau,
peu commun ailleurs que dans la capitale,
on en préparera un avec des feuilles que
l'on fera pourrir, celles du noyer excep-
tées. La terre noire que l'on trouve dans
les troncs des vieux saules, des vieux peupliers, etc., est excellente. Le point essentiel
est de se procurer une terre très-douce,
légère et très-substantielle.

La semence enterrée, et recouverte à la
hauteur d'un pouce, exige de petits arrosemens au besoin, d'être débarrassée de toute
herbe parasite; et lorsque la tige commence
à s'élever, de serfouir la terre de temps à
autre, comme dans les provinces du midi,
où la chaleur et surtout l'évaporation sont
très-fortes; il est bon de couvrir la superficie de la caisse ou du pot avec de la
paille hachée, et encore mieux avec du crottin de cheval.

La coutume généralement suivie est de
lever à la fin de l'année chaque pied, et
de le replanter dans un pot.

A la fin de la première année, et lorsque l'on sort les caisses ou pots de l'orangerie, on gratte la superficie de la terre
qu'ils contiennent, on la fait tomber afin
de la remplacer par une terre nouvelle et
bien préparée.

Des boutures.

On choisit une branche jeune, saine, droite, de la longueur d'un pied environ, que l'on enfonce à trois ou quatre pouces dans une terre préparée ainsi qu'il a été dit ; on tient le pot ou la caisse à l'ombre, et dans un lieu chaud, jusqu'à ce que l'on s'aperçoive que la bouture ait poussé des racines ; alors on la retire de ce lieu, et on l'expose peu à peu à l'ardeur du soleil.

Des marcottes et des provins.

Lorsque la tête d'un oranger ou d'un citronnier est élevée, il n'est pas aisé de les marcotter, il faut avoir recours à l'art. On choisit sur cette tête une jeune branche, et l'endroit où il convient de la marcotter ; on fait ligature avec une ficelle qui presse et serre un peu l'écorce. Cette ligature donne naissance à un bourrelet.

La ligature faite, on prend un pot partagé en deux parties sur sa hauteur, et percé d'un trou dans le bas, par lequel on fait passer la branche. Les deux parties du pot étant rapprochées l'une contre l'autre, on les tient resserrées par un lien de fil-de-fer, soit en haut, soit en bas ; enfin on remplit ce pot de terre : afin de maintenir et supporter ce poids ajouté à la branche, pour qu'elle ne soit point exposée à être cassée, on assujettit le pot contre deux piquets fortement fixés en terre ; et avec ce secours la branche est enracinée ; on la coupe au-dessous du pot, on la dépote et on lui donne une caisse ou un autre pot convenable à son volume.

Si on ne se sert pas de ligature, on coupe un peu l'écorce dans quelques points de la circonférence, et il se forme des bourrelets à la base de chaque partie coupée. Cette méthode est minutieuse, casuelle, et ne mérite d'être employée que lorsque l'on veut se procurer des espèces rares ; les provins sont plus sûrs, et l'on travaille sur un plus grand nombre de sujets à la fois, si la greffe a été placée près des racines.

On coupe le tronc de l'arbre à cinq ou six pouces au-dessus de la greffe, et on lui laisse tous les nouveaux jets qu'il pousse ; lorsqu'après la première, ou encore mieux après la seconde année, les jets ont de la consistance, on forme tout autour un encaissement dont la hauteur excède de cinq à six pouces la partie supérieure du tronc qu'on a laissé ; on le remplit de terre à mesure que l'on couche les branches, et on provigne le tout ; enfin on remplit de terre tout l'encaissement. La petite ligature dont on a parlé facilite la sortie des racines.

S'il ne s'agit que de se procurer des sujets non greffés, on coupe le tronc presqu'à fleur de terre, et il sort du collet des racines une multitude de jets.

Des quatre manières de multiplier les orangers et les citronniers, celle du semis est à
préférer.

De quelque manière qu'on se soit procuré
des sujets, si on veut avoir des pieds élevés
on ne doit pas se hâter de supprimer les
branches inférieures.

Les graines de citron poussent plus rapidement que celles de l'orange, et les pieds
que fournissent les premières sont plus tôt formés pour la grosseur et pour la hauteur,
et par conséquent plus tôt susceptibles de recevoir la greffe.

De la greffe.

On peut placer la greffe à trois endroits
différens : ou à quelques pouces au-dessus du
collet des racines, ou à deux ou trois pieds ;
ou enfin à cinq ou six pieds au-dessus, lorsqu'on se propose d'avoir de grands arbres
pour l'orangerie. Il est cependant aisé, en
plaçant la greffe au-dessus des racines, de
conserver son jet, et de l'élever en haute
tige ; mais cette manière de greffer est sujette
à des inconvéniens lorsque l'on désire avoir
des troncs élevés : pendant la première et
la seconde année, le jet formé par la greffe
est tendre, peu ligneux, et il est par conséquent sujet à être cassé ou surpris par les
premières gelées, ou enfin à souffrir et à se
dessécher dans l'orangerie. Le tronc alors ne
reste plus droit, mais il forme un coude

dans la partie d'où part la nouvelle tige, et la beauté du tronc dépend de sa régularité; il vaut beaucoup mieux placer les greffes à la hauteur de la tige que l'on désire conserver. D'ailleurs, en greffant près des racines, on ne doit placer qu'une seule greffe; et si elle ne reprend pas, c'est une année perdue, et il est à craindre qu'à la seconde l'écorce ne soit dure. Au contraire, les jeunes branches de la tête de l'arbre permettent de placer plusieurs greffes qui reprennent plus facilement, et leur nombre supplée celles qui ne prennent pas; d'ailleurs la greffe placée près des racines produit rarement une tige belle, haute et nette.

L'époque de greffer dépend de la chaleur du pays que l'on habite.

L'oranger se greffe encore par approche, en fente et à l'anglaise. Cette dernière sorte s'emploie principalement lorsqu'on veut faire porter des fleurs, et même des fruits, à des orangers de deux ans.

On choisit sur un oranger un rameau bien formé et à fleurir, de grosseur semblable à celle du sujet, qui, je le répète, peut n'avoir que deux ans, mais est préférable à trois; on les entaille l'un et l'autre en biseau de la même longueur, d'environ un pouce de long, et on les réunit de manière que les écorces se rapportent bien exactement. On lie ensuite ces deux parties avec de la laine, et on les entoure d'une poupée ordinaire. Cette opération se fait sur des sujets très en sève ; dès qu'elle est terminée, on place le pot sur une couche à châssis, et on le garantit du soleil. Les feuilles de la greffe se fanent un peu ; mais au bout de deux ou trois jours elles se relèvent, les fleurs s'épanouissent à l'époque où elles l'auroient fait sur l'arbre d'où elles ont été tirées, ou peu après ; quelquefois même elles se nouent, et on peut conserver un ou deux fruits qui parviennent à maturité. Il ne faut ôter les poupées qu'au bout d'un an ; car la consolidation de la greffe est lente.

De la conduite de l'oranger et de la plantation.

Lorsqu'on ne veut pas prendre la peine de semer, de marcotter, etc., on achète ou on fait venir d'Italie ou de Provence des arbres tout formés, et dont la hauteur et la grosseur du tronc sont conformes à la demande qu'on en a faite. Si, à l'arrivée de ces arbres, les feuilles sont molles, flasques, si elles se plient sans se casser, c'est une preuve que les arbres ont souffert en route. Le seul expédient pour ranimer leur fraîcheur est de les déballer, d'enlever la mousse qui recouvre les racines, de les plonger ensuite pendant quelques heures dans une eau dont la chaleur soit de douze à vingt degrés, suivant le thermomètre de Réaumur : on les plante après cela dans de grands pots de terre vernissée ou dans des caisses.

Lorsque l'on donne aux Génois ou aux Provençaux la commission d'envoyer des arbres, on doit stipuler qu'on ne paiera que les pieds auxquels on aura laissé toutes les racines garnies de tout leur chevelu. Ces racines doivent être, après les avoir séparées de la terre qui les environnoit, mollement rangées entre des lits de mousse fraîche, et encaissées avec soin. Lorsqu'on les sort de la caisse, on retranche les racines chancies, cassées ou gâtées, et rien de plus, quoi qu'en disent les jardiniers.

De la préparation de la terre pour les caisses.

Quelques personnes n'emploient que le terreau des vieilles couches, uni par moitié avec la terre ordinaire.

Par un système tout opposé, d'autres n'emploient que l'argile ou quelque autre terre qui approche de la ténacité et de la compacité de ses molécules. Cette terre, il est vrai, n'a pas besoin d'autant d'arrosemens que l'autre ; mais les racines et leurs chevelus ont la plus grande peine à s'étendre : on a beau passer et repasser au crible cette terre, l'unir avec un fumier quelconque, ce n'est que très à la longue et avec beaucoup de peine qu'on parvient à la mélanger.

La terre des taupinières a son mérite, lorsque l'animal travaille dans un sol depuis long-temps en prairie, et surtout si elle est sujette à être couverte par des inondations qui charrient et déposent beaucoup de limon. Le limon seroit par lui-même trop compact ; cependant les débris annuels des végétaux et des animaux lui donnent de la souplesse et augmentent la masse de l'humus ou terre végétale. Mais la terre des taupinières d'un champ ordinaire n'a pas plus d'efficacité que celle de ce même champ.

Quelquefois on fait mélange de parties égales de fumier de cheval, de fiente de vache, de crottin de mouton et de bonne terre : on mêle le tout ensemble, on le laisse amonceler pendant un an ou deux, et de temps à autre on le passe à la claie, afin de le bien combiner. Cette préparation n'est pas mauvaise ; j'aimerois cependant mieux qu'il y eût moitié de bonne terre franche.

Les balayures des rues, les matières de voirie, et même les excrémens humains, unis à une bonne terre, et lorsqu'on a laissé le tout fermenter ensemble pendant deux à trois ans, fournissent un mélange bien substantiel. On ne sauroit trop le laisser vieillir, ni le passer trop souvent à la claie après la première année, afin que la combinaison devienne parfaite.

Le grand point est de rassembler sous un petit volume beaucoup de matières propres à nourrir l'oranger, afin que la qualité compense la quantité, puisqu'une caisse doit toujours être la plus petite possible relativement à la grosseur de l'arbre qui doit y être placé.

Voici la meilleure composition qu'on puisse employer et le mode de sa fabrication.

À une terre franche, c'est-à-dire composée à peu près d'un tiers d'argile, d'un tiers de sable et d'un tiers d'humus, et depuis long-temps mise en tas, on mélange partie égale en hauteur de fumier de vache à moitié consommé. L'année suivante, on travaille de nouveau cette terre en la changeant de place deux fois. L'année d'après, on la mélange avec à peu près moitié de terreau d'une couche de fumier de cheval. On la laisse encore un an en tas que l'on change de place deux ou trois fois, en perfectionnant autant que possible le mélange. Pendant l'hiver de l'année où on doit employer cette terre, on y mêle encore un douzième de crottin de mouton, un vingtième de fiente de pigeons et un quarantième de poudrette (excrémens humains desséchés); le tout est de nouveau bien mélangé à deux reprises différentes. Ainsi on met trois ans et demi à composer cette terre, qui pendant ce temps reste exposée en plein air, d'abord en tas alongés, ensuite alternativement en cônes très-élevés et à dos d'âne circulaire. Plus elle est maniée souvent, et plus elle a de qualité : si on l'employoit au moment de sa fabrication, l'excès de carbone qu'elle contient alors

feroit périr les arbres, brûleroit leurs racines, comme disent les jardiniers ; cette
terre est coûteuse sans doute, mais il ne
faut pas penser à avoir une orangerie si on
ne veut pas faire les dépenses nécessaires
pour l'entretenir en bon état.

De l'encaissement.

On a imaginé, pour le service des grandes
orangeries, un expédient bien commode lorsqu'il s'agit d'encaisser ou de décaisser les
orangers. Qu'on se figure une échelle double,
assez élevée pour surmonter de plusieurs pieds
le sommet des branches de l'arbre, et formant un triangle assez évasé par le haut pour
que ces mêmes branches ne touchent point
le montant de l'échelle. Quatre perches réunies par le haut et assez élevées produisent
le même effet, et sont plus maniables que les
échelles ; on attache fortement au sommet
une poulie dans laquelle passe une corde,
dont le bout est terminé par un nœud cou-
lant. On commence par ouvrir le nœud assez
pour le faire passer tout autour des branches, et on le descend ensuite sur le tronc;
là, on le serre, mais auparavant on a soin
de faire glisser la corde entre les branches,
de la fixer le plus qu'il est possible sur la
perpendiculaire, afin de garnir avec de vieux
chiffons la partie du tronc que le nœud doit
embrasser. Des hommes prennent l'autre extrémité de la corde passée par la poulie,

la tirent, et ils soulèvent l'arbre de manière que la base des racines soit au-dessus de la partie supérieure de la caisse. Par ce moyen, l'arbre reste suspendu ; l'on peut, fort à son aise, supprimer les racines superflues et replacer la motte dans le milieu de la caisse.

Si on trouve ce moyen trop embarrassant, on peut décaisser un oranger avec un levier semblable à celui dont on se sert pour soulever les voitures lorsqu'il s'agit de graisser les roues.

Lorsque l'on est privé du secours de l'une de ces machines, la nécessité oblige de casser le pot ou de couper la caisse, et de tirer l'arbre en dehors à force de bras; mais comme la circonférence de la tête des orangers est ordinairement du double ou du triple, et même du quadruple de celle de la caisse, il arrive presque toujours que les branches froissées contre le sol sont endommagées ou cassées; d'ailleurs, il est très-difficile de tourner l'arbre dans tous les sens. Lorsqu'il s'agit de retrancher les racines superflues, pour le rencaisser, c'est encore un nouvel embarras, il faut multiplier les bras; on augmente la dépense et les accidens, lorsque tous les travailleurs ne sont pas intelligens; au lieu qu'avec le secours des machines, l'arbre se place de lui-même dans le milieu de la caisse et sur la ligne la plus perpendiculaire.

Plusieurs jardiniers placent dans le fond

du pot ou de la caisse des graviers ou des décombres à la hauteur d'un pouce ou deux, dans la vue de donner issue aux eaux superflues des arrosemens, et par là d'empêcher la pourriture des racines.

Il y a deux manières de disposer la terre dans la caisse; dans la première on bat la terre, on la serre le plus que l'on peut, jusqu'à la hauteur sur laquelle doit reposer la motte de l'arbre. L'oranger mis en place, on ajoute de la terre tout autour, on la serre et on la bat de nouveau, jusqu'à ce que l'on soit parvenu à remplir le pot ou la caisse. Le but de cette opération est d'empêcher 1° que l'eau des arrosemens ne pénètre trop promptement la terre, ne la délave, et n'entraîne avec elle la graisse de la terre, l'humus ou terre végétale soluble dans l'eau; 2° que le tronc de l'arbre ne soit couché d'un côté ou d'un autre par les coups de vent.

Dans la seconde méthode, on ne foule point la terre ; mais on connoît jusqu'à quel point elle doit se tasser; alors on dispose la motte de manière que le collet des racines excède d'autant la superficie de la caisse; et à mesure que la terre se tasse, l'arbre s'enfonce; mais comme il reste un grand nombre de racines à découvert, on a le soin de garnir tout le pourtour de la caisse ou du pot avec de petits morceaux de planches, ou avec des briques ou des tuiles plates et minces, d'où résulte un encaissement que l'on remplit de terre. Au premier arrosement, la terre se plombe et l'arbre descend ; enfin, après quelques jours, il est aussi enfoncé qu'il doit l'être ; alors on débarrasse la superficie de la caisse de la masse de terre qui est devenue inutile. Cette seconde méthode est, à tous égards, préférable à la première de la suppression des racines. La végétation de l'oranger et du citronnier est rapide, soit pour les branches, soit pour les racines ; et ces dernières remplissent tellement la caisse la plus grande qu'à la fin de la seconde année elles tapissent leurs parois intérieures ainsi que le fond ; les jardiniers donnent le nom de perruques à ces chevelus, parce qu'ils sont tellement entrelacés et placés si près les uns des autres, qu'ils semblent former un tissu de cheveux : cette surabondance de chevelus nécessite leur suppression à la fin de la seconde année.

De l'arrosement.

Il vaut beaucoup mieux donner chaque jour, suivant le besoin ou le climat, de petits arrosemens capables de maintenir une légère humidité dans la terre, et rien de plus ; mais dans les pays méridionaux l'oranger demande de larges et fréquentes irrigations.

On a coutume, dans presque tous les pays, de donner à chaque pied d'oranger, immédiatement après l'encaissement, ce qu'on nomme une lessive. Cette préparation varie ; et suivant le système de chaque jardinier elle est plus ou moins surchargée. Elle consiste en général dans un mélange de crottin de cheval, de celui de mouton, de fiente de vache, de lie de vin, de salpêtre, etc., et de toute espèce d'assemblage ridicule qu'on imagine. Les plus sages se contentent d'avoir du fumier vieux, bien consommé, qui ne soit point éventé, d'en jeter une quantité proportionnée au besoin dans un bassin, dans un creux, etc., de remplir d'eau, et de laisser le tout ainsi pendant plusieurs jours.

La plupart de nos jardiniers taillent les orangers immédiatement après la fleur. Cette méthode a ses avantages et ses inconvéniens.

Si l'on trouve qu'un oranger a poussé plus d'un côté que de l'autre, ou qu'il paroisse vouloir s'y jeter, on laisse au côté fougueux beaucoup de branches et de bourgeons, dussent-ils *faire un peu confusion;* au contraire, on soulage amplement le côté foible.

De l'ébourgeonnement.

Les orangers font ordinairement éclore trois ou quatre bourgeons ensemble; ce sont les plus droits, les mieux nourris, les mieux placés qu'il faut conserver; on les visitera une fois le mois; et vers le solstice d'été tous les quinze jours.

Dans le fort de la pousse des orangers, au commencement de juillet, surtout lorsque les années sont humides, il paroît une multitude de petits faux bourgeons maigres, tendres, et d'un vert pâle naissant. Ces bran-

ches folles, qui poussent fréquemment des ais-
selles des gourmands, peuvent se couper dès
leur naissance avec l'ongle du pouce. Ce qui
embarrasse le plus dans nos orangers, comme
dans nos autres arbres fruitiers, ce sont les
gourmands et les demi-gourmands. Il est des
moyens sûrs d'en tirer de grands avantages
et d'éviter les maux qu'ils peuvent occasion-
ner. Ils deviennent très-précieux toutes les
fois qu'ils sont placés avantageusement, c'est-
à-dire qu'ils n'ont autour d'eux que du bois
mesquin et des pousses chétives, ce qui les
met en état de renouveler cette partie de
l'arbre où ils ont pris naissance. Il y a pour
lors deux moyens d'en faire usage; le premier est de ne point trop laisser grandir ces
gourmands, mais de les arrêter de bonne
heure pour leur faire pousser des drageons
capables de garnir la place. On les coupe à
cet effet à moitié au-dessus d'un œil, d'où
il arrive que plusieurs yeux du bas s'ouvrent
et font éclore des bourgeons. On les ravale
ensuite sur l'un d'eux, et même sur le dernier : celui-ci s'alonge et a encore le temps
de s'aoûter, et l'année suivante on taille dessus. Le second moyen est de supprimer ce
bois frêle, quand le gourmand est en état
de le suppléer, ce qui est du ressort de
la taille.

Faire une tête aux orangers n'est pas l'ouvrage d'une seule taille, ni d'un seul ébourgeonnement. Il faut, durant plusieurs années, les redresser et les corriger, leur don-

nant l'essor du côté où ils poussent trop, et les tenant court du côté foible, puis rabattant hors de la pousse la partie trop forte, et serrant fort près du haut, pour leur procurer une figure ronde et régulière également partout ; de même leur beauté consiste à être un peu haut montés, et à avoir une taille élégante ; ce qu'ils acquièrent lorsque, d'année en année, on élague tantôt une branche et tantôt une autre ou plusieurs.

Le grenadier. (Punica.)

Il y en a de plusieurs espèces. Il y a lieu de croire, d'après le nom latin de cet arbre, qu'il a été apporté des environs de Carthage par les Romains. Les grenadiers craignent le froid ; ils ont à cet égard des irrégularités singulières, dont la cause est encore inconnue. Par exemple, à Paris, le grenadier résiste quelquefois en pleine terre, dans une bonne exposition, à des hivers très-rigoureux, tandis que la plus petite gelée le fait périr aux environs de Lyon.

Les grenadiers tenus dans des caisses demandent beaucoup plus de soins que ceux qui sont en pleine terre ; il faut que les caisses, proportionnées à leur grandeur, soient remplies d'une terre surabondamment chargée de principes végétaux ; leurs têtes doivent être taillées très-court. On ne doit les sortir de l'orangerie que lorsqu'l n'y a plus de gelées à craindre, et les rentrer de bonne heure : on doit leur donner un *demi-change* tous les deux ans, c'est-à-dire leur donner de la nouvelle terre sans les décaisser, et un change complet tous les quatre ans. Du reste, arrosemens abondans et fréquens en été, et rares et foibles pendant l'hiver. Ces arbres vivent très-long-temps, on croit que quelques-uns de ceux de l'orangerie de Versailles ont deux ou trois cents ans. On multiplie le grenadier par toutes les voies possibles.

Du mûrier. (Morus.)

Le point essentiel, dans la culture de cet arbre, est de lui faire produire beaucoup de feuilles, et de bonnes feuilles. Par bonnes feuilles je n'entends pas les plus larges, ni les plus succulentes, mais celles dont les sucs nourriciers ont les qualités convenables à l'éducation du ver et à la beauté de la soie.

Les terrains aigres, ferrugineux, et tous ceux de ce genre, qui ne permettent que difficilement l'extension des racines, ne sont pas propres aux plantations des mûriers; cependant la feuille en seroit très-bonne, mais en trop petite quantité.

Les coteaux de nature calcaire, les rochers qui se délitent d'eux-mêmes, et dont le grain est facilement converti en terre, sont les endroits à préférer pour la supériorité de la qualité de la feuille.

Les terres à seigle sont, sans contredit, celles qui conviennent le mieux aux mûriers; le sacrifice est d'ailleurs bien moindre que dans celles à froment.

Quand on ne veut pas cultiver inutilement le mûrier, qui ne produit que peu les premières années, l'on peut semer sur le champ et avec choix, afin de ne pas nuire à l'arbre; par exemple, la première année, des pommes-de-terre, après avoir fumé le champ; ce qui est avantageux à l'arbre, qui tire sa portion de l'engrais : l'on arrache en octobre ces pommes-de-terre, dont la récolte paie au-delà des frais de culture. L'année suivante on peut y semer de la vesce.

Cueillette des feuilles.

Il n'y a, à proprement parler, point d'âge fixe. La première cueillette dépend de la force de l'arbre; si sa tête n'est pas déjà bien formée, il est clair qu'en ramassant la feuille on détruira un grand nombre d'yeux ou boutons qui auroient, dans l'année ou dans les suivantes, fourni les bourgeons nécessaires à la forme de la tête. Il est donc plus prudent de ne pas accélérer une jouissance qui devient préjudiciable; la troisième ou la quatrième année après la plantation sont en général les époques auxquelles on commence à cueillir.

De la manière de cueillir la feuille dépend la conservation de la tête et la prospérité de l'arbre. L'on doit prendre la petite branche d'une main, et glisser l'autre de bas en haut ; si, au contraire, on prend de haut en bas, l'effort de la main fait sauter les yeux aux boutons, et souvent leur rupture entraîne une partie de l'écorce, de manière que l'on voit sur la branche plaie sur plaie.

Si, pour avoir plus tôt fait, on arrache le petit bouquet de feuilles qui se présente, on détruit entièrement les bourgeons à venir.

Le cueilleur doit prendre feuille à feuille, et même laisser les deux les plus élevées du bouquet, afin que celles-ci aient le prolongement de l'œil en bourgeons.

Les cueilleurs de feuilles ont ordinairement un bâton de quatre à six pieds de longueur, armé d'un petit crochet de fer dans le bout. Il est inconcevable à combien de cueilleurs ce malheureux instrument a coûté la vie. A peine en équilibre sur une branche, ils veulent avoir les feuilles d'une branche supérieure ; ils la tirent avec leur crochet ; si elle est d'un certain volume, il faut de la force pour l'emmener ; souvent celle de l'ouvrier n'est pas suffisante, l'élasticité de la branche entraîne l'ouvrier, il perd l'équilibre et tombe. Si la branche cède, elle se casse, et la tête de l'arbre est défigurée. Tout cela tient à la négligence et à la paresse de l'ouvrier, qui, pour ne pas avoir la peine de descendre de l'arbre, et de changer son échelle de place, abîme un arbre, et court le risque de perdre la vie en tombant. Il est donc indispensable, pour bien opérer, d'avoir des échelles proportionnées à la hauteur de l'arbre.

A mesure que la cueilleur effeuille un arbre, il doit séparer les mûres, et les jeter de côté : ce point est essentiel.

Aussitôt que les charges des feuilles sont arrivées au logis, on doit vider les sacs, les étendre dans un lieu bien aéré, finir de séparer rigoureusement les fruits, qu'on jette dans la basse-cour, pour la nourriture de la volaille. Si les feuilles restent amoncelées, pressées, serrées, elles s'échauffent, fermentent, et causent aux vers des maladies dangereuses.

Lorsque l'on fait tant que de cueillir la feuille, il faut en dépouiller l'arbre complètement ; si on en laisse par-ci par - là, ou des branches sans les cueillir, la sève suit sans peine son cours ordinaire ; elle se porte tout de ce côté, et ne nourrit plus qu'imparfaitement la partie effeuillée. C'est un des points les plus essentiels dans la cueillette de la feuille.

Émondage.

Émonder n'est pas tailler ; mais c'est, après la cueillette, supprimer tout le bois mort, les chicots, les ergots, le bout des branches cassées, réparer les déchirures, et tout au plus enlever quelques petites branches chiffonnes qui nuiroient à l'accroissement des bourgeons, ou qui leur feroient une mauvaise direction. C'est encore le cas (pour le mûrier seulement) de supprimer les gourmands inutiles, ou de leur donner une direction qui

tende à former la tête de l'arbre. Cette opération doit avoir lieu aussitôt après la récolte
des feuilles , et la taille , après leur chute
naturelle , enfin , lorsque l'arbre n'est plus
en sève.

Propriétés économiques.

L'écorce du mûrier, préparée comme le
lin , donne de la filasse : cette propriété étoit
connue très-anciennement.

Un autre emploi de l'écorce du mûrier ,
c'est pour faire du papier. Il y a lieu d'être
étonné que , d'après l'expérience des Chinois
et des Japonais , qui tirent tout celui qu'ils
fabriquent de diverses espèces de ce genre ,
et les essais faits en France , essais dont le
résultat a été si satisfaisant , on n'en voie
nulle part de fabrique.

Le fruit du mûrier engraisse très-promp-
tement la volaille, les cochons ; et les feuilles ,
rassemblées après leur chute et mises à sécher,
sont dévorées par les troupeaux : c'est pour
eux une excellente nourriture d'hiver.

Le bois de taillis est employé utilement
comme perches à soutenir des treillages ,
comme tuteurs pour les arbres ; celui du
tronc et des grosses branches , fendu et scié
en planches d'un à deux pouces d'épaisseur,
sert à la fabrication de vaisseaux vinaires
qui contiennent depuis douze cents jusqu'à
trois mille bouteilles et plus. Ce bois est
encore avantageux pour les vins blancs ; il

leur communique un petit goût agréable , et approchant de celui que l'on appelle *violette.*

CHAPITRE X.

De la vigne, du vin, des vendanges, etc.

La durée de l'existence de la vigne , dans l'état naturel, est encore indéterminée. Strabon en cite des pieds qui avoient une si énorme grosseur que deux hommes pouvoient à peine embrasser leur tige ; Pline parle d'une vigne qui existoit depuis six cents ans. Il est mort, à Besançon, en 1793 , un pied de vigne dont le tronc avoit un mètre huit décimètres de diamètre. Il existe en Bourgogne plusieurs vignes dont la plantation date de plus de quatre cents ans.

Le bois de la vigne étoit regardé comme indestructible par les anciens , et ils l'employoient en conséquence pour faire les statues de leurs dieux , les portes de leurs temples , etc. Il passoit pour avoir des vertus surnaturelles ; aujourd'hui , on ne l'emploie plus que pour faire de petits ouvrages de tour.

Il est des cas où on est obligé de couper la vigne par le pied , et de recommencer une nouvelle souche avec un ou deux bourgeons qu'elle repousse de ses racines ; c'est principalement quand ses pousses sont excessivement foibles , ou qu'elle a été gelée

Sarmenter.

C'est ramasser les sarmens après la taille.

Paisseler.

Cette opération consiste à ficher les paisseaux ou échalas en terre.

On place les perches en même temps que le paisseau auquel on les attache, à l'aide de liens d'osiers : c'est ce que les vignerons appellent coudre. On les met à un pied et demi au-dessus de terre ; elles se dépassent réciproquement de six pouces (époudures), et elles sont attachées ensemble avec un lien (mouchet).

Les avantages que présentent les vignes mises en perches (treille), sont d'être infiniment plus propres, mieux exposées au soleil, mieux garanties des vents, et de coûter moins de mises dehors en paisseau.

La hauteur du paisseau est d'environ quatre pieds, et la longueur de la perche d'environ huit pieds.

Baisser.

On donne ce nom à l'opération d'attacher les coursons aux paisseaux ou aux perches. Elle se pratique peu après le paisselage ; l'osier ou la filasse sont les substances dont on se sert de préférence.

Sombrer.

Labourer profondément les vignes. Il est d'usage de sombrer les terres fortes en avril ; cependant on est souvent obligé d'attendre plus tard, pour que la terre soit coudrée (desséchée). Quant aux terres légères, dites pruches, et aux lieux exposés à la gelée, on ne sombre guère que vers la mi-mai.

Momasser.

Ce mot est synonyme d'ébourgeonner. On momasse dès que les bourgeons ont acquis une certaine longueur, qu'ils montrent leurs fruits ; les bourgeons poussés sur la souche sont d'abord abattus, et ensuite ceux surnuméraires qui n'ont pas de fruit. Cependant, si on veut faire un no à la prochaine taille, il faut laisser celui de ses bourgeons qui est le plus vigoureux.

Biner.

Léger labour qui se donne immédiatement avant et après la fleuraison. Lorsque la vigne est un peu avancée, et que les gelées ne sont plus à craindre, il est mieux de biner avant la fleur, dont cette opération favorise le développement ; jamais on ne doit toucher à la vigne quand elle est en fleur.

Accoler.

Attacher les bourgeons aux paisseaux. On accole à la fin de mai ou au commencement de juin , selon que la vigne est plus ou moins avancée.

Rogner.

Synonyme d'arrêter , pincer. Il est des vignes qu'on ne rogne qu'une fois , ce sont les plus foibles ; d'autres qu'on rogne deux et même trois fois.

Débiner.

Petit binage pour enlever les mauvaises herbes. Ce binage se fait au milieu d'août.

Provigner.

On provigne en couchant un cep tout entier dans une fosse faite du côté qu'il s'agit de garnir, et selon la direction de la perchée, cep dont on dispose les sarmens dans la même direction , et qu'on recouvre ensuite de terre.

Dans les terres légères , on fait les provins en mai, et on fume les provins en les faisant ; mais dans les terres fortes on les fait en hiver , et on attend la seconde année.

Il est une autre manière de provigner , qu'on appelle provigner en sauterelle , parce qu'on se contente de couper un sarment et de le plonger dans une fosse. Elle s'emplit lorsqu'un cep est trop foible pour être couché en entier, ou lorsqu'il n'y a qu'une place à garnir. Deux ans après, on coupe la sauterelle rez le cep, et on met en terre la portion qui n'y étoit pas.

Un provin est dit baillard, quand son peu de longueur n'a pas permis de le mettre la première année au lieu qu'il doit occuper; on l'y amène successivement.

Greffer.

On fait rarement cette opération dans les vignes d'Auxerre.

Il est d'usage de fumer les vignes dans les environs de Paris, et le mauvais choix du fumier contribue beaucoup à la dureté et au goût désagréable des vins qu'on y recueille; c'est ordinairement pendant l'hiver qu'on le répand, en ayant soin de mettre le plus consommé aux pieds des ceps; on laboure ensuite.

On donne cinq façons à la vigne : la taille compte pour une; l'effilage des échalas, l'ébourgeonnage, l'accolage et le rognage, ainsi que l'épamprement, comptent aussi pour une; et ensuite trois labours : celui d'hiver, à la houe; les autres sont des binages à la binette (houe fourchue); quelquefois on donne un quatrième labour au moment où les raisins commencent à en entrer en maturité.

Les échalas sont en usage; on les place après l'ébourgeonnage, vers le milieu d'avril. Quand on en a suffisamment, on en met un à chaque cep, sinon le même sert à deux.

On arrête la vigne au moment de l'accolage; on coupe les essières et les gourmands en juillet. Cette dernière opération procure deux avantages : 1° de découvrir la grappe qui mûrit bien plus tôt; 2° de fournir une nourriture fort saine aux vaches, aux chèvres, aux moutons et aux lapins.

En taillant, le vigneron a soin de conserver tous les brins de ceps qui lui paroissent propres à provigner, lorsqu'il y a des vides à remplir. Il fait une fosse d'une grandeur proportionnée au nombre des brins qu'il doit y mettre ; elle forme un parallélogramme pour deux brins, un triangle pour trois, et un carré pour quatre : sa profondeur est d'un pied ; il y couche ensuite la souche entière, disperse les sarmens de manière à ce qu'ils sortent de six ou huit yeux hors de terre, et la remplit ; l'année suivante, il la comble entièrement.

On greffe seulement quand dans une vigne on a trop d'espèces, ou des espèces sujettes à la coulure.

Des moyens employés pour conserver et améliorer les vins.

Le vin déposé dans le tonneau n'a pas atteint son dernier degré d'élaboration, il est trouble et fermente encore ; mais comme le mouvement est moins tumultueux , on a appelé cette période de fermentation , *fermentation insensible.*

A mesure que la fermentation diminue, la masse du liquide s'affaisse, et on surveille cet affaissement avec soin pour verser de nouveau vin, et tenir le tonneau toujours plein ; c'est cette opération qu'on appelle *ouiller.* Il est des pays où l'on ouille tous les jours pendant le premier mois, tous les quatre jours pendant le deuxième, et tous les huit jours jusqu'au soutirage : c'est ainsi qu'on le pratique pour les vins délicieux de l'Hermitage.

En Champagne, dans les cantons où l'on récolte des vins rouges, lorsque la fermentation a cessé , vers la fin de décembre, on profite du temps sec et d'une belle gelée pour soutirer le vin et le débourber.

Vers la mi-mai, avant les chaleurs, on le soutire encore, ce qui s'appelle *tirer au clair;* on le met en cave , et on relie les poinçons en cerceaux neufs.

On soutire encore une troisième fois , ce qui s'appelle *tirer au clair fin;* et on clarifie avec cinq ou six blancs d'œufs délayés dans une chopine d'eau, pour chaque pièce de vin de deux cent quarante bouteilles. Cette dernière opération ne se fait que quand on expédie le vin au consommateur ou qu'on le met en bouteilles.

En général les vins rouges de la Haute-

Montagne, en Champagne, se mettent en
bouteilles en novembre, treize mois après
la récolte. Le vin rouge tiré en sève est
très-désagréable à boire.

Il est des vins rouges de Champagne
qu'on peut laisser sur lie trois ou quatre ans ;
tels sont ceux du clos Saint-Thierry : mais
il faut les garder dans des foudres de sept
à dix pièces au moins ; le vin s'y nourrit
et s'y comporte bien. Cette méthode n'est
praticable avec avantage que pour les vins
généreux. Les vins foibles y deviendroient
acides.

Lorsque la fermentation s'est apaisée et
que la masse du liquide jouit d'un repos
absolu, le vin acquiert de nouvelles qualités
par la clarification : on le préserve, par cette
opération, du danger de tourner.

Cette clarification s'opère d'elle-même par
le temps et par le repos : il se forme peu
à peu un dépôt dans le fond du tonneau
et sur les parois, qui dépouille le vin de
tout ce qui n'y est pas dans une dissolution
absolue, ou de ce qui y est en excès. C'est
ce dépôt qu'on appelle lie, fèce, mélange
confus de tartre, de matière colorante, et
surtout de ce principe végéto-animal qui
constitue le ferment.

Mais ces matières, quoique déposées dans
le tonneau et précipitées du vin, sont susceptibles de s'y mêler encore par l'agitation,
et le changement de température, etc. ; et
alors, outre qu'elles nuisent à la qualité du vin,

qu'elles rendent trouble, elles peuvent lui imprimer un mouvement de fermentation qui le fait dégénérer en vinaigre.

C'est pour obvier à cet inconvénient qu'on transvase le vin à diverses époques, qu'on en sépare avec soin toute la lie qui s'est précipitée, et qu'on dégage même de son sein, par des procédés simples que l'on va décrire, tout ce qui peut y être dans un état de dissolution incomplète. On peut réduire au soufrage et à la clarification tout ce qui tient à l'art de conserver les vins.

Soufrage des vins.

Soufrer, mécher ou muter les vins, c'est les imprégner d'une vapeur sulfureuse, qu'on obtient par la combustion des mèches soufrées.

La manière de composer les mèches soufrées varie sensiblement dans les divers ateliers ; les uns mêlent avec le soufre des aromates, tels que les poudres de girofle, de cannelle, de gingembre, d'iris de Florence, de fleurs de thym, de lavande, de marjolaine, etc., et fondent ce mélange dans une terrine, sur un feu modéré ; c'est dans ce mélange fondu qu'on plonge des bandes de toile et de coton pour les brûler dans le tonneau. D'autres n'emploient que le soufre qu'ils fondent au feu, et dont ils imprègnent des lauriers semblables.

La manière de soufrer les tonneaux nous offre les mêmes variétés : on se borne quelquefois à suspendre une mèche soufrée au bout d'un fil-de-fer ; on l'enflamme , et on la plonge dans le tonneau qu'on veut remplir ; on bouche et on laisse brûler : l'air intérieur se dilate et est chassé avec sifflement. On en brûle deux , trois , plus ou moins , selon l'idée ou le besoin. Lorsque la combustion est terminée , les parois du tonneau sont à peine acides, alors on y verse le vin. Dans d'autres pays , on prend un bon tonneau, on y verse deux à trois seaux de vin, on y brûle une mèche soufrée , on bouche le tonneau après la combustion , et l'on agite en tous sens. On laisse reposer une ou deux heures ; on débouche, on ajoute du vin , on mute , et on réitère l'opération jusqu'à ce que le tonneau soit plein : ce procédé est utile à Bordeaux.

On fait à Marseillan , près la ville de Cette, en Languedoc , avec du raisin blanc , un vin qu'on appelle *muet*, et qui sert à soufrer les autres.

On presse et foule la vendange , et on la coule de suite sans lui donner le temps de fermenter ; on met le moût dans des tonneaux qu'on remplit au quart ; on brûle plusieurs mèches dessus ; on met le bouchon, et on agite fortement le tonneau jusqu'à ce qu'il ne s'échappe plus de gaz par le bondon lorsqu'on l'ouvre. On met alors une nouvelle quantité de moût ; on y brûle dessus, et on agite avec les mêmes précautions : on réitère cette manœuvre jusqu'à ce que le tonneau soit plein. Ce moût ne fermente jamais, et c'est par cette raison qu'on l'appelle vin muet. Il a une saveur douceâtre, une forte odeur de soufre, et il est employé à être mêlé avec l'autre vin blanc : on en met deux ou trois bouteilles par tonneau. Ce mélange équivaut au soufrage.

Le soufrage rend d'abord le vin trouble, et sa couleur désagréable ; mais la couleur se rétablit en peu de temps, et le vin s'éclaircit. Cette opération décolore un peu le vin rouge. Le soufrage a le très-précieux avantage de prévenir la dégénération acéteuse. Son effet le plus marqué, c'est de prévenir toute fermentation ultérieure, pourvu qu'on transvase le vin après quelque temps de repos, ou qu'on le colle.

On soutire les vins avant de les soufrer, pour enlever d'abord toute la lie qui s'est précipitée.

Du soutirage des vins.

Outre l'opération du soufrage des vins, il en est une autre tout aussi essentielle, qu'on appelle *clarification*. Elle consiste d'abord à tirer le vin de dessus la lie, ce qui demande des précautions, et à le dégager ensuite de tous les principes suspendus ou foiblement dissous, pour ne lui conserver que les seuls principes spiritueux et incorruptibles. Ces opérations s'exécutent même avant le soufrage, qui n'en est qu'une suite.

La première de ces opérations s'appelle *soutirer*, *transvaser*, *déféquer* le vin.

Dans les divers pays de vignobles, on a des temps marqués dans l'année pour soutirer les vins : ces usages sont sans doute établis sur l'observation constante et respectable des siècles. A l'Hermitage, on soutire en mars et septembre ; en Champagne, au milieu d'octobre, vers le 15 février, et vers la fin de mars ; en Bourgogne, on soutire en mars et en septembre. On choisit toujours un temps sec et froid pour exécuter cette opération. Il est de fait que ce n'est qu'alors que le vin est déposé. Les temps humides, les vents du sud, les rendent troubles, et il faut se garder de soutirer quand ils règnent.

La manière de soutirer les vins demande encore des précautions infinies, par exemple, en ouvrant la cannelle, en plaçant un robinet à quatre doigts du fond du tonneau, le vin qui s'écoule s'âcre et détermine dss mouvemens dans la lie, de sorte que, sous ce double rapport, le vin acquiert de la disposition à s'aigrir. On a obvié à une partie de ces inconvéniens en soutirant le vin à l'aide d'un syphon ; le mouvement en est plus doux, et on pénètre par ce moyen à la profondeur qu'on veut, sans jamais agiter la lie. Mais toutes ces méthodes présentent des vices auxquels on a parfaitement remédié à l'aide d'une pompe dont l'usage s'est établi en Champagne et dans d'autres pays de vignobles.

On a un tuyau de cuir en forme de boyau,

long de quatre à six pieds, et d'environ deux pouces de diamètre.

On adapte des tuyaux de bois aux deux bouts : ces tuyaux vont en diminuant de diamètre vers la pointe ; on les assujettit fortement au cuir, à l'aide de gros fil ; on ôte le tampon de la futaille qu'on veut remplir, et l'on y enchâsse solidement une des extrémités du tuyau ; on place un bon robinet à deux ou trois pouces du fond de la futaille qu'on veut vider, et on y adapte l'autre extrémité du tuyan.

Par ce mécanisme, la moitié du tonneau se vide dans l'autre ; il suffit pour cela d'ouvrir le robinet, et on y fait passer le restant par un procédé simple. On a des soufflets d'environ deux pieds de long compris le manche, et de dix pouces de largeur. Le soufflet pousse l'air par un trou placé à la partie antérieure du petit bout : une petite soupape de cuir s'applique contre le petit trou et s'y adapte fortement pour empêcher que l'air n'y reflue lorsqu'on ouvre le soufflet ; c'est encore à l'extrémité du soufflet qu'on adapte un tuyau de bois perpendiculaire pour conduire l'air en bas ; on adapte ce tuyau au bondon, de manière que lorsqu'on souffle et pousse l'air, on exerce une pression sur le vin, qui l'oblige à sortir du tonneau pour monter dans l'autre. Lorsqu'on entend un sifflement à la cannelle, on la ferme promptement : c'est une preuve que tout le vin a passé.

On emploie aussi des entonnoirs de fer-blanc, dont le bec a au moins un pied et demi de long, pour qu'il plonge dans le liquide, et n'y cause aucune agitation.

Du collage des vins.

Le soutirage du vin sépare bien une partie des impuretés, et éloigne, par conséquent, quelques-unes des causes qui peuvent en altérer la qualité ; mais il reste encore des matières suspendues dans ce fluide, dont on ne peut s'emparer que par les opérations suivantes, qu'on appelle *collage des vins*.

C'est presque toujours la colle de poisson qui sert à cet usage, et on l'emploie comme il suit : on la déroule avec soin, on la coupe par petits morceaux, on la fait tremper dans un peu de vin ; elle se gonfle, se ramollit, forme une masse gluante, qu'on verse sur le vin. On se contente alors de l'agiter fortement, après quoi on le laisse reposer. Il est des personnes qui fouettent le vin dans lequel on a dissous la colle avec quelques brins de tiges de balais, et forment une écume considérable qu'on enlève avec soin ; dans tous les cas, une portion de la colle se précipite avec les principes qu'elle a enveloppés, et on soutire la liqueur dès que ce dépôt est formé.

Dans les climats chauds, on craint l'usage de la colle, et pendant l'été on y supplée par des blancs d'œufs ; cinq à six suffisent pour un demi-muid : on n'en emploie que trois à quatre pour les vins délicats et peu colorés. On commence par les fouetter avec un peu de vin, on les mêle ensuite avec la liqueur qu'on veut clarifier, et on fouette avec le même soin.

Il est possible de substituer la gomme arabique à la colle. Deux onces suffisent pour quatre cents pots de vins. On la verse sur le liquide en poudre fine, et on agite.

Il faut ne transvaser les vins que lorsqu'ils sont bien faits : si le vin est vert, dur ou sucré, il faut lui laisser passer sur la lie la seconde fermentation, et ne le soutirer que vers le milieu de mai. On pourra même le laisser jusque vers la fin de juin, s'il continue à être vert. Il arrive même quelquefois qu'on est forcé de repasser du vin sur la lie, et de le mêler fortement avec elle pour lui donner un mouvement de fermentation qui doit le perfectionner.

Lorsque les vins d'Espagne sont troublés par la lie, Miller nous apprend qu'on les clarifie par le procédé suivant :

On prend des blancs d'œufs, du sel gris et de l'eau salée ; on met tout cela dans un vase commode ; on enlève l'écume qui se forme à la surface, et l'on verse cette composition dans un tonneau de vin dont on a tiré une partie : au bout de deux ou trois jours, cette liqueur s'éclaircit et devient agréable au goût ; on laisse reposer pendant huit jours, et on soutire.

Pour remettre un vin clairet, gâté par une lie volante, on prend deux livres de cailloux calcinés et broyés, dix à douze blancs d'œufs, une bonne poignée de sel ; on bat le tout avec huit pintes de vin qu'on verse ensuite dans le tonneau : deux à trois jours après, on soutire.

Ces compositions varient à l'infini ; quelquefois on y fait entrer l'amidon, le riz, le lait et autres substances plus ou moins capables d'envelopper les principes qui troublent le vin.

On clarifie encore le vin, et on corrige souvent un mauvais goût, en le faisant digérer sur des copeaux de hêtre précédemment écorcés, bouillis dans l'eau, et séchés au soleil ou dans un four : un quart de boisseau de ces copeaux suffit pour un muid de vin. Ils produisent dans la liqueur un léger mouvement de fermentation qui l'éclaircit dans vingt-quatre heures.

Pour qu'un vin se conserve et s'améliore il faut le déposer dans des vases et dans des lieux dont le choix n'est pas indifférent à déterminer : les vases de verre sont les plus favorables ; il faut avoir l'attention de boucher exactement ces vases avec du liége fin, et de coucher les bouteilles pour que le bouchon ne puisse pas se dessécher et faciliter l'accès de l'air. On peut, pour plus de sûreté, couler de la cire sur le bouchon, l'y appliquer avec un pinceau, ou tremper le goulot dans un mélange fondu de cire, de résine ou de poix. Il est des particuliers qui recouvrent le vin d'une couche d'huile. On recouvre ensuite le goulot avec des verres renversés, des creusets, des vases de fer-blanc, ou toute autre matière capable d'empêcher que les insectes ou les souris ne se précipitent dans le vin.

Les tonneaux sont les vases les plus employés : ils sont, pour l'ordinaire, construits avec du bois de chêne; leur capacité varie beaucoup, et ils reçoivent le nom de *barriques, tonneaux* ou *foudres*, selon qu'elle est plus ou moins grande. Le grand inconvénient des tonneaux c'est non-seulement de présenter aux vins des substances qui y sont solubles, mais encore de se tourmenter par les variations de l'atmosphère, et de prêter des issues faciles, tant à l'air qui veut s'échapper qu'à celui qui veut pénétrer.

Les vases de terre vernissés auroient l'avantage de conserver une température plus égale, mais ils sont plus ou moins poreux; et, à la longue, le vin doit s'y altérer. On a trouvé dans les ruines d'Herculanum des vaisseaux dans lesquels le vin étoit desséché. Rozier parle d'une urne semblable, découverte dans une vigne du territoire de Vienne en Dauphiné, sur le lieu même où étoit le palais de Pompée.

Quelle que soit la nature des vaisseaux destinés à contenir le vin, il faut faire choix d'une cave qui soit à l'abri de tous les accidens qui peuvent la rendre peu propre à ces usages.

1° L'exposition d'une cave doit être au nord : sa température est alors moins variable que lorsque les ouvertures sont tournées vers le midi.

2° Elle doit être assez profonde pour que la température y soit constamment la même.

3° L'humidité doit y être constante, sans y être trop forte; l'excès détermine la moisissure des papiers, bouchons, tonneaux, etc.; la sécheresse dessèche les futailles, les tourmente et fait transsuder le vin.

4° La lumière doit y être modérée : une lumière vive dessèche; une obscurité presque absolue pourrit.

5° La cave doit être à l'abri des secousses ; les brusques agitations, ou ces légers trémoussemens, déterminés par le passage rapide d'une voiture, remuent la lie, la mêlent avec le vin, l'y retiennent en suspension, et provoquent l'acétification. Le tonnerre et tous les mouvemens produits par des secousses déterminent le même effet.

6° Il faut éloigner d'une cave les bois verts, les vinaigres et toutes les matières qui sont susceptibles de fermentation, ou qui, par leurs exhalaisons, peuvent la provoquer.

7° Il faut encore éviter la réverbération du soleil.

Des maladies et dégénération du vin.

Presque tous les vins s'améliorent en vieillissant, et on ne peut les regarder comme parfaits que long-temps après qu'on les a fabriqués : les vins liquoreux sont surtout dans ce cas-là; mais les vins délicats tournent à l'aigre ou au gras avec une telle facilité que ce n'est qu'avec les plus grandes précautions qu'on peut les conserver plusieurs années.

Il n'est pas de vignoble dont le vin n'ait une durée fixe et connue : cette durée varie dans le vin du même vignoble, selon la saison qui a régné, et le temps qu'on a employé à la fermentation.

Lorsque la saison a été humide, pluvieuse ou froide, si le raisin n'a pas mûri, ou s'il est rempli d'eau, alors le vin est foible et de peu de durée; lorsque la fermentation a été maintenue plus long-temps, le vin se conserve mieux.

En général, les raisins provenans de terrains gras et bien nourris, de même que les raisins fournis par des vignes provignées ou trop jeunes, donnent des vins qui ne sont pas de garde; les vins délicats et fins se conservent aussi difficilement.

Les soins qu'on apporte à transvaser, à coller et à muter les vins contribuent puissamment à leur conservation. Il en est peu qui passent les mers sans cette précaution. Il importe donc, pour prévenir toutes leurs altérations, de répéter et multiplier ces opérations ; et c'est à cet usage précieux que l'on doit la faculté de pouvoir transporter ces vins dans tous les climats, et de leur faire éprouver toutes les températures sans crainte de décomposition.

Parmi les maladies auxquelles les vins sont les plus sujets, la graisse et l'acidité sont à la fois et les plus fréquentes et les plus dangereuses.

La graisse est une altération que contractent souvent les vins; ils perdent leur fluidité naturelle, et filent comme de l'huile : on appelle encore cette dégération, tourner au gras, graisser, filer, etc.

Les vins très-généreux, dont le moût étoit très-sucré, ne tournent jamais au gras. Il n'y a que les vins délicats et peu riches en esprit qui graissent.

Les vins foibles, qui ont très-peu fermenté, sont les plus disposés à cette maladie.

Les vins foibles, faits avec les raisins égrappés, y sont plus sujets.

Le vin tourne au gras dans les bouteilles les mieux fermées. On n'en est que trop convaincu dans la Champagne et la Bourgogne, où toute la récolte contracte quelquefois cette altération.

Les vins gras ne fournissent à la distillation qu'un peu d'eau-de-vie grasse, colorée, huileuse.

En général, cette maladie du vin exige peu de remèdes. Il est rare que la liqueur ne se rétablisse pas d'elle-même.

On la prévient en collant et mutant les vins avec soin, en donnant à la fermentation tout le temps convenable.

Il suffit quelquefois de laisser reposer un vase rempli de vin graisseux, ou de l'exposer dans un lieu chaud, pour guérir cette maladie. On a même observé en Champagne que les vins blancs tournent rarement à la graisse, tant qu'ils sont en cercles. Cette dégénération a lieu surtout lorsque la saison a été pluvieuse, les vendanges humides, et que le vin a plus de liqueur que de sève.

Lorsque la graisse est constatée, ce qui s'annonce par un dépôt gras, laiteux et blanchâtre, et toutes les fois que le vin, agité légèrement sur sa couche, ne sonne pas et présente un œil ou une bulle qui s'attache au verre, on a l'attention de ne pas toucher au vin ; on le laisse sur place ; et cette maladie guérit à la première ou à la seconde sève suivante : alors le dépôt blanchâtre devient brun, se dessèche, se détache par écailles dans la bouteille, et le vin reprend sa diaphanéité ; il devient sonnant, et on le dit guéri.

C'est surtout au temps qu'il faut abandonner la cure du vin gras ; rarement cette maladie dure plus d'un an.

On a observé en Champagne que si, dans la quantité de raisins employés à faire des vins blancs, les blancs l'emportent sur les noirs, la jaunisse se mêle à la graisse, et le vin n'est plus de vente.

Les vins ne tournent jamais à l'aigre, tant que la fermentation spiritueuse n'est pas terminée, ou, en d'autres termes, tant que le principe sucré n'est pas pleinement décomposé. De là l'avantage de mettre le vin en tonneaux avant que tout le principe sucré ait disparu. De là l'usage d'ajouter un peu de sucre ou de moût dans le tonneau, pour continuer la fermentation lorsqu'elle s'est apaisée, et qu'on craint la dégénération.

Les vins les moins spiritueux sont ceux qui tournent le plus vite.

Nous devons distinguer avec soin l'altération des vins foibles d'avec celle des vins généreux : dans les premiers, le principe de la fermentation se sépare et reste dispersé dans la liqueur qu'il rend trouble; la couleur devient lie de vin; mais la saveur est à peine acide; on appelle cette altération de vin, tourner, se troubler : dans les seconds, comme l'esprit-de-vin y est plus abondant, les phénomènes y sont aussi différens, et l'acide y devient plus fort.

Il est des temps dans l'année où le vin tourne à l'aigre plus aisément : ces époques sont le retour des chaleurs, le moment de la sève de la vigne, l'époque de sa floraison , et le temps où le raisin commence à rougir (1). C'est surtout dans ces momens qu'il faut le surveiller pour parer à la dégénération acide.

Le changement dans la température provoque encore l'acescence du vin, surtout lorsque la chaleur s'élève à vingt ou vingt-cinq degrés; alors la dégénération est rapide et presque inévitable.

Il est aisé de prévenir cette altération, en

______

(1) Voilà des effets sympathiques bien constatés, dont il est difficile de rendre raison.

écartant toutes les causes que nous venons d'assigner. Mais je crois qu'il est impossible de faire rétrograder la marche de la dégénération, lorsque l'acescence s'est déclarée; dans ce cas, on peut tout au plus en masquer le goût par quelques moyens qui sont connus de tout le monde, et que nous allons rapporter.

On dissout du moût cuit, du miel ou de la réglisse, dans le vin où l'acidité se manifeste. Par ce moyen, non-seulement on corrige le goût aigre, en le remplaçant par la saveur douceâtre de ces ingrédiens, mais on rétablit la fermentation spiritueuse, en donnant au ferment qui existe encore dans le vin le principe sucré qui lui est nécessaire.

On peut aisément reconnoître la sophistication criminelle de la litarge.

En versant de l'hydro-sulphure de potasse (foie de soufre) dans le vin, il s'y forme de suite un précipité abondant et noir; on peut encore faire passer le gaz hydrogène sulfuré à travers cette liqueur altérée; il s'y produira pareillement un précipité noirâtre, qui n'est qu'un sulfure de plomb.

Les écrits des OEnologues fourmillent de recettes qu'on propose pour corriger l'acidité des vins.

Bidet prétend qu'un cinquantième de lait écrémé ajouté à du vin aigri, le rétablit, et qu'on peut le transvaser en cinq jours. Le lait n'a dans cette circonstance que l'avantage de clarifier le vin, et de s'emparer du principe végéto-animal, qui donne lieu à la dégénération acide.

D'autres prennent quatre onces de blé de la meilleure qualité, le font bouillir dans l'eau jusqu'à ce qu'il crève; lorsqu'il est refroidi, on le met dans un petit sac qu'on plonge dans le tonneau, et l'on remue bien avec un bâton. On conseille encore les semences de poireau, celles de fenouil, etc.

Indépendamment des altérations dont on vient de parler, il en est encore d'autres qui, quoique moins communes et moins dangereuses, méritent de nous occuper : le vin contracte quelquefois ce qu'on appelle généralement *goût de fût*. Cette maladie peut provenir de deux causes : la première a lieu lorsque le vin est enfermé dans un tonneau dont le bois est vicié, vermoulu, pourri ; la seconde survient toutes les fois qu'on laisse sécher de la lie dans des futailles, et qu'on y verse ensuite du vin, quoiqu'on ait alors la précaution de l'enlever. Willermoz a proposé l'eau de chaux, l'acide carbonique et le gaz acide muriatique oxigéné, pour corriger le goût du fût qui appartient au tonneau. D'autres conseillent de coller et de soutirer le vin avec soin, et d'y faire infuser du froment grillé pendant deux ou trois jours.

En Bourgogne, lorsque le vin a contracté le goût de fût, on passe ce vin sur la lie du vin non vicié, on le roule avec soin, on le goûte pour s'assurer du moment où le goût a disparu, et on colle. Lorsque le goût ne disparoît pas à une première opération, on la renouvelle.

Les vins contractent encore avec le temps une imperfection qu'on appelle *amertume* ; ceux de Bourgogne y sont très-sujets.

Un phénomène qui a autant frappé qu'embarrassé les nombreux écrivains qui ont parlé des maladies du vin, est ce qu'on appelle les *fleurs de vin*. Elles se forment dans les tonneaux, mais surtout dans les bouteilles, dont elles occupent le goulot : elles annoncent et précèdent constamment la dégénération acide du vin. Elles se manifestent dans presque toutes les liqueurs fermentées.

De la vendange.

La maturité du raisin indique le moment de vendanger.

Cependant il faut bien vendanger si le raisin ne doit pas mûrir.

Vendanger par un beau temps.

Si l'on veut un vin blanc et mousseux, on cueille le raisin couvert de rosée ou de brouillard.

S'assurer d'un nombre suffisant d'ouvriers pour emplir sa cuve en un ou deux jours au plus ; car ajouter à une vendange échauffée une vendange froide, c'est nuire à la fermentation.

Cueillir le raisin le plus mûr.

Réserver pour une cuvée séparée les raisins verts ou pourris.

Ne pas fouler le raisin à la vigne, dans les bachous, dans les tonneaux où on le transporte ; car le suc vierge ne tarde pas à fermenter, surtout par un temps chaud ; et c'est dans la cuve qu'il doit éprouver la fermentation.

On peut égrapper, si le raisin est parfaitement mûr, et dans le cas où l'on veut un vin plus délicat et plus tôt prêt à boire.

De la fermentation.

La fermentation est le mouvement qui s'excite dans la cuve où est déposée la vendange, ainsi que dans les tonneaux où est le suc du raisin.

Le suc, le jus de raisin, se nomme *vin doux* ou *moût*.

La fermentation exige le concours de l'eau, de l'air, de la chaleur.

Le vin contient constamment assez d'eau, quelquefois trop ; on la fait évaporer en partie, en faisant bouillir du moût. C'est l'eau qui s'évapore, et la matière sucrée qui fait le vin, se concentre.

Dans le cas où le raisin est trop aqueux, mieux vaut y ajouter de la matière sucrée ; cette matière sucrée est le miel, le sucre brut. Ce qu'elle coûte est compensé par l'économie du temps et du bois qu'exige l'évaporation d'un pareil moût.

Les fouleries sont communément assez aérées.

Les fouleries sont quelquefois trop froides ; alors il faut les échauffer en y mettant du feu.

La fermentation a pour objet de changer le corps qui l'a subie en un autre corps.

Du foulage.

On doit fouler exactement le raisin, mais dans la foulerie, au moment de le déposer dans la cuve.

Laver la cuve à l'eau chaude.

Enduire l'intérieur de la cuve de chaux vive éteinte dans l'eau, surtout dans les vignobles dont le vin est dur, aigrelet et trop lent à se mûrir ; la chaux lui enlève une partie de son acide.

De la manière de bien gouverner la fermentation.

Le raisin exactement foulé et déposé dans la cuve, on agitera la vendange avec un rabat de bois à long manche ; ce mouvement excite la chaleur et hâte la fermentation.

Si le raisin n'est pas très-mûr, si on a vendangé par la pluie, si la saison est froide, la fermentation sera très-longue à s'établir. Alors on y versera une ou deux chaudronnées de moût tout bouillant, on remuera bien la masse, on couvrira sa vendange avec un couvercle fait exprès, ou le faux fond de la cuve, ou des planches ajustées à cet effet.

Il faut charger le couvercle de poids, de manière que la rafle plonge, à deux ou trois travers de doigt près, dans le moût.

D'abord, le couvercle empêche l'esprit du vin de se dissiper; en outre, la rafle ainsi plongée dans le vin, il prend une belle couleur. On n'est pas obligé, pour le colorer, d'employer des fruits sauvages, dont la loi punit l'emploi qu'en fait le vigneron infidèle.

Le couvercle placé, que le vigneron ne trouble pas la fermentation; il peut fermer les portes et les fenêtres de sa foulerie, et n'y rentrer que pour découver.

Quand il rentrera dans sa foulerie, il sera embaumé d'une odeur de vin, d'eau-de-vie; il ne doit y rentrer qu'avec précaution.

Si la lumière y languit, si surtout elle s'éteint, n'y rentrez point; ouvrez les fenêtres, brûlez-y un feu faisant flamme.

Le vin qu'il découvera aura la chaleur de l'eau d'un bain.

Du décuvage.

On hésite sur le moment du décuvage. Chaque vigneron a une règle à lui: il n'y en a qu'une, c'est le goût; le palais est le seul juge du moment de découver.

Quand la fermentation se ralentit, on tire du vin et on le goûte.

Si à la saveur piquante d'un vin en fermentation, succède une saveur douce et sucrée, le vin n'est pas fait.

On attend quelques heures, on goûte de nouveau, et on décuve quand cette saveur sucrée est peu sensible ; car il ne faut pas laisser la fermentation user le vin dans la cuve ; le vin a encore à fermenter dans le tonneau, pour se parfaire, pour se mûrir.

Du vin de pressurage.

Le vin décuvé, on porte le marc au pressoir, on en exprime à plusieurs reprises des vins qui diffèrent en qualité et en couleur.

Si la cuve a été couverte, on peut mêler le chapeau de la vendange et le marc pour le presser et en réunir le vin.

Si la cuve n'a pas été couverte, il faut presser à part le chapeau ; il contient autant de vinaigre que de vin : voilà pourquoi, dans les petits vignobles, le vin a tant de peine à s'éclaircir, et tourne si souvent au bisaigre.

Le vin du chapeau ne peut faire que du vinaigre.

Ajoutez à votre vendange de la matière sucrée, et vous aurez des vins aussi spiritueux que ceux de Bourgogne, même que ceux du Languedoc.

Cela dépend de la quantité que vous ajoutez.

Il ne manquera à un pareil vin que le bouquet ; ce bouquet se donne aisément. Trois ou quatre poignées de tontures de pêchers, d'amandiers, une poignée de fleurs de sureau sèches, parfumeront une cuve.

Le raisin a-t-il acquis sa parfaite maturité, les vins de votre vignoble sont-ils spiritueux et de garde, n'y ajoutez pas de sucre. Dans le cas contraire, ajoutez-y une, deux, trois livres par pièce de vin, en proportion de l'influence de l'année. La manière d'employer la matière sucrée consiste à la faire dissoudre dans une chaudronnée de moût; on la verse toute bouillante dans la cuve, on agite la masse pour y distribuer également la matière sucrée et la chaleur, on couvre sa vendange, on laisse fermenter, et on ne rentre dans sa foulerie que pour décuver.

De l'asphyxie.

L'esprit qui se dégage pendant la fermentation contribue à la bonne qualité des liqueurs fermentées; mais l'air dans lequel il se répand asphyxie ou tue.

On a indiqué les moyens que recommande la prudence; ils consistent à ne pénétrer là où la lumière languit, qu'après y avoir introduit du feu, surtout un feu de flamme, et à en ouvrir portes et fenêtres, pour laisser se renouveler l'air. Celui qu'atteint cette vapeur est frappé comme de la foudre; il tombe sans respiration, sans mouvement, sans pouls; c'est l'image de la mort, c'est une mort momentanée; mais les principes de la vie ne sont que suspendus. Les moyens de le rappeler à la vie sont ceux dont j'ai parlé à l'article de l'asphyxie.

CHAPITRE XI.

De la bière.

La plupart des brasseurs sont heureusement revenus de l'idée dans laquelle ils étoient autrefois, que la qualité de l'eau exerçoit une influence marquée sur la bière, puisque dans les lieux où ils lèvent aujourd'hui une brasserie, pourvu qu'ils y trouvent de l'eau bonne à boire, peu leur importe d'où elle provient ; ils se servent donc indifféremment de l'eau de puits, de rivière, de fontaine ou de citerne.

On a aussi remarqué que les grains les moins propres à faire du pain sont ceux que la brasserie choisit de préférence : l'orge est le plus communément employée, et surtout la variété qu'on nomme *sucrion ;* cependant le froment, l'épeautre, le seigle, l'avoine, le millet, le maïs, mélangés ou séparés, sont également employés pour fournir des bières plus ou moins fortes, désignées sous des noms particuliers. On pourroit encore en préparer avec les semences légumineuses, et certaines racines sucrées ; mais cet objet est plus curieux qu'utile.

Le houblon nouveau et bien sec mérite la préférence ; celui de la précédente année n'est pas à mépriser quand il a les qualités requises ; il communique à la bière une odeur et une saveur agréables, et la faculté de se conserver un certain temps. Le houblon long, blanc et bien odorant, est la plus belle espèce, et celle qui produit davantage. C'est lui qu'il faut préférer lorsqu'on veut avoir une bière transparente et légère ; on y substitue beaucoup d'autres amers, mais aucun n'a le parfum du houblon. Il y a des cantons en Allemagne où l'on fabrique jusqu'à trente-six espèces de bières ; elles diffèrent les unes des autres, non-seulement par rapport à la nature et à la proportion des ingrédiens, mais encore relativement à quelques points de manipulation. A la vérité, pour obtenir ces boissons vineuses si variées, qui toutes doivent leur existence à l'art, il faut absolument le concours de quatre opérations particulières, savoir : le *maltage*, le *brassage*, la *fermentation*, la *clarification*.

On se tromperoit en croyant que ces opérations demandent un grand emplacement et un attirail d'ustensiles pour leur exécution ; elles ne doivent pas effrayer quiconque est disposé à faire de la bière sa consommation. Nous allons lui tracer les moyens les plus simples pour y parvenir.

Maltage.

On remplit d'eau froide un cuvier dans lequel on fait macérer le grain pendant deux ou trois jours. On juge qu'il est suffisamment imbibé, lorsqu'il est bien renflé, qu'en le pressant sous le doigt il s'écrase facilement, qu'il a une saveur sucrée, et qu'il a communiqué à l'eau une couleur rougeâtre ou d'un brun luisant.

Le grain, dans cet état, est répandu sur un plancher sec et étendu par monceaux de deux pieds environ d'élévation; on retourne fréquemment ce grain avec des pelles de bois, afin qu'il s'échauffe également, se ressuie et laisse évaporer une portion de l'humidité qu'il a contractée. On réitère ce travail deux ou trois fois; le grain alors pousse des fibres déliées qui s'entortillent les unes dans les autres; c'est dans ce moment qu'il faut arrêter la germination en retournant le grain dans tous les sens.

Au bout de douze à quinze heures, le germe et la chaleur ont considérablement augmenté; on donne un coup de pelle au grain, en observant de l'éventer plus que la première fois. On finit ce second coup de pelle par remettre le grain en couches; il y doit rester quinze heures : ce temps lui suffit pour achever de pousser son germe au point qu'il convient.

Lorsque le grain est bien éventé, on le ramasse sur des claies de bois, afin de le faire sécher à une chaleur modérée, au moyen d'un fourneau qu'on place dans une petite pièce; c'est sur le plancher de cette touraille que l'on met le grain au sortir du germoir; on l'y étend par couches de cinq à six pouces d'épaisseur. On fait du feu dans le fourneau jusqu'à ce que l'humidité que le grain a prise dans le mouillage commence à s'évaporer; alors on le remue, on le change de place et on le retourne sens dessus dessous, pelletée à pelletée. Après que le grain est parfaitement éventé, séché et refroidi, on le passe au crible de fer, pour en séparer les ordures; deux à trois jours après on le porte au moulin pour en faire une farine grossière désignée sous le nom de malt ou drèche.

Brassage.

Le malt étant mis dans une tonne, on y ajoute l'eau dans l'état bouillant, et dont la quantité est réglée de manière à ce qu'on puisse remuer le mélange avec des râbles ou des rames. On laisse reposer le tout pendant un quart-d'heure, après lequel on ajoute une nouvelle quantité d'eau, et on agite comme la première fois; enfin, on met le restant de l'eau qu'on a dessein d'employer proportionnellement au degré de force que l'on veut donner à la bière. Deux ou trois jours après on fait couler la liqueur dans un vaisseau destiné à la recevoir; on remplit de nouveau la tonne avec de l'eau moins chaude que la première fois; on brasse le mélange, on le laisse reposer, mais la moitié moins du temps qu'on lui a donné la première fois.

On réunit ensemble ces deux liqueurs, et l'on y ajoute la quantité de houblon nécessaire; elle est proportionnée à la saison, au

temps que l'on veut garder la bière, et à
la force que l'on est dans l'intention de lui
donner ; c'est environ trois ou quatre livres
par pièce. On verse le tout dans la chau-
dière, qu'on a soin de tenir couverte, et
on la fait bouillir à un feu modéré pendant
une heure ou deux, après quoi on verse la
liqueur dans le récipient où elle se dépure,
et d'où elle passe claire dans les réfrigérans,
au moyen d'un filet adapté à l'orifice du
robinet, et destiné à retenir le houblon.

La manipulation pour la bière blanche et
pour la bière rouge est absolument la même ;
elle n'en diffère que parce qu'on a fait beaucoup plus sécher le malt ou la drèche pour
la bière rouge que pour la bière blanche,
et que sa cuisson est beaucoup plus considérable ; elle demande jusqu'à trente et quarante heures, tandis que la bière blanche
se fait à plus grand feu, à la vérité, mais
dans l'espace de trois ou quatre heures,
selon la capacité des chaudières.

Fermentation.

Lorsque la liqueur n'est plus que tiède,
on la verse dans une grande cuve, on y
ajoute une certaine quantité de levure de
bière, on la laisse fermenter à découvert
jusqu'à ce qu'elle soit en état d'être mise en
tonneaux, où elle subit une seconde fermentation. On pourroit, dans les pays éloignés
des endroits où l'on brasse, et où il est par

conséquent difficile de se procurer à bon compte de la levure, y substituer le levain de toutes les matières farineuses, dans lesquelles on cherche à exciter la fermentation panaire; alors le levain de froment seroit à son tour celui de la bière.

Pour la mettre en tonneaux, on choisit des futailles ayant déjà contenu de la bière ou du vin; des fûts neufs ne la garderoient pas long-temps en bon état, à moins qu'on ne la fît plus forte qu'à l'ordinaire.

Le moment d'entonner la bière est lorsque la fermentation est bien établie dans la cuve, sans être néanmoins trop avancée, parce que, étant encore dans sa vigueur, elle facilite la dépuration de la bière, qui, par ce moyen, se clarifie mieux dans le tonneau.

Il ne sort d'abord que la mousse. Ce n'est guère qu'au bout de trois ou quatre heures que la levure commence à se former; alors la fermentation se ralentit, et la mousse, fondue en bière, est employée à remplir les tonneaux.

Clarification.

En général il règne dans les écrits qui traitent de la bière beaucoup d'incertitudes sur la véritable matière dont se servent les brasseurs pour le collage et la clarification de cette boisson; les uns assurent qu'ils la clarifient comme le vin blanc avec de la colle de poisson, et les autres avec de la colle de Flandre blanche ; mais il y a tout lieu de croire que le haut prix de la première substance les détermine à employer toutours la seconde, dissoute dans la bière : une pinte de cette liqueur clarifiante suffit pour un muid de bière. Les brasseurs de Paris la remettent chez ceux qu'ils fournissent.

La gélatine animale peut servir à clarifier toutes les liqueurs vineuses, et être employée à défaut de colle de Flandre. M. Baunach a eu occasion de remarquer qu'on fait servir les pieds de bœuf et de veau à coller la liqueur, et qu'on leur fait subir une décoction assez longue pour qu'il ne reste plus que le squelette de la fibrille et les os ; il a encore remarqué que dans les endroits où la consommation de la bière est extrême, il arrive souvent que les boucheries ne se trouvent pas suffisamment approvisionnées en pieds de bœuf ou de veau pour fournir aux brasseurs ce qui leur est nécessaire pour la grande quantité qu'ils en fabriquent ; alors ils ont recours à d'autres substances de cette nature. On fait usage, pour le même objet, des poissons cartilagineux, lorsque les localités le permettent.

Les brasseurs faisoient entrer autrefois de l'ivraie dans la bière, ce qui leur a été défendu. Qui ne connoît pas en effet le désordre que ce gramen apporte dans l'économie animale ? il occasionne des assoupissemens, des vertiges, des nausées, des engourdissemens, des mouvemens convulsifs, la mort même, s'il se trouve en grande quantité dans le pain dont on se nourrit.

Lorsque la bière est éclaircie et qu'elle est en état d'être bue, il ne faut pas manquer de la tirer, soit au tonneau si la consommation est grande, soit pour la mettre en bouteilles. Dans ce dernier cas il convient de laisser les bouteilles couchées pendant huit jours et de les relever ensuite, ce qui donne à la bière un caractère mousseux qui plaît surtout aux habitans de Paris; mais si elle subit une nouvelle fermentation elle se trouble et recouvre rarement sa première qualité.

On ajoute à la bière différentes substances pour augmenter l'agrément et la force de cette boisson, la colorer et lui donner du montant, telles que la mélasse, la réglisse, la coriandre, le gingembre et d'autres racines aromatiques; on met encore en œuvre plusieurs poudres pour la faire servir quand elle est devenue aigre.

Il y a en Angleterre une grande quantité de bières différentes, presque toutes très-enivrantes, et surtout celle qu'on appelle *the ale ;* la meilleure de toutes et la plus saine est le *porter.*

CHAPITRE XII.

Du cidre.

Trois saveurs différentes caractérisent toutes les espèces de pommes destinées à faire
du cidre : elles sont aigres, douces ou amères.
Les premières sont aussi rarement employées
que cultivées pour faire du cidre. Naturellement petites, elles n'acquièrent un plus
gros volume que par la culture et la greffe.
Elles deviennent alors des fruits à couteau,
et font l'ornement et les délices de nos tables ; mais le jus que l'on voudroit tenter
d'en extraire seroit toujours en petite quantité, et son acidité le rendroit aussi difficile
à conserver que désagréable à boire ; la nécessité seule et la disette des meilleures espèces peuvent déterminer à s'en servir.

Les pommes douces fournissent au contraire une liqueur douce, abondante, agréable, claire, et qui ne laisseroit rien à désirer si l'on pouvoit compter sur sa durée.

Quant aux pommes amères, elles donnent
une liqueur abondante, grasse, ayant presque la consistance d'un sirop, qui par cette
raison seroit très-difficile à extraire, si on
ne réunissoit ensemble les pommes douces
et les amères. Par cet heureux amalgame,
on obtient à la fois le cidre le plus agréable
à l'œil et au goût, et de la qualité la plus
durable.

Saisons où l'on cueille les pommes.

Trois époques sont connues pour la maturité des pommes et pour les piler : celle des pommes tendres ou précoces , celle des pommes sages ou moyennes, et enfin celle des pommes dures ou tardives.

Les pommes tendres ou précoces sont rarement abondantes, parce que les pommiers qui les produisent, fleurissant plus tôt que les autres, ont souvent beaucoup à souffrir des gelées du premier printemps et des vents arides et délétères de cette saison : on sent aisément que les sucs de ces fruits précoces, n'étant pas élaborés par les dernières chaleurs de l'été, doivent être d'une qualité inférieure. On y joint aussi celles des pommes moyennes et dures qui , abattues par la violence des vents, ont été prématurées par cet accident ou par la piqûre de quelques insectes, dont les larves, après avoir dévoré la substance pulpeuse de ces mêmes fruits, l'ont remplacée par leurs propres excrémens. Il en résulte que ce cidre n'est agréable à boire qu'autant qu'il est nouveau. Vainement on voudroit le conserver, il dureroit à peine l'année ; le mois de septembre est l'époque où l'on fait ces premiers cidres , que leur prompte fermentation rend bientôt bons à boire.

Les pommes sages, demi – tendres ou moyennes, se cueillent en octobre. Pendant le cours de ce mois et le suivant, on en fait du cidre qui a toutes les bonnes qualités de celui que l'on fait avec les pommes dures, et a sur lui l'avantage de se fabriquer à une époque où cette manipulation est beaucoup plus facile.

Quant aux pommes dures ou tardives, elles sont presque toujours aussi abondantes que celles des deux époques précédentes réunies. Les arbres qui les produisent, fleurissant très-tard, n'ont rien à redouter des fléaux qui très-souvent en peu d'heures détruisent un espoir fondé sur les plus belles apparences; cet avantage des pommes tardives est contrebalancé d'une manière fâcheuse par le temps où l'on en fait la récolte (en novembre et décembre), et plus encore par l'âpreté de la saison où l'on fait le cidre. L'intensité du froid rend presque toujours cette opération difficile, et même souvent impossible. Un autre inconvénient est la difficulté de mettre ces pommes à l'abri de la gelée, qui leur feroit le plus grand tort, et rendroit leur jus de la plus mauvaise qualité, sous le rapport du goût et de la conservation.

Influence du sol sur le cidre, dans les pays à cidre, et notamment en Normandie.

On attribue au sol la plus grande influence sur la qualité du cidre. On y connoît trois espèces de crûs.

Le premier est un sol gras, profond, et dont toutes les productions annoncent la richesse. On peut citer pour exemple la contrée connue sous le nom de *pays d'Auge*. Les pommiers ont le double avantage d'y être plus féconds, et de donner un cidre beaucoup plus fort que partout ailleurs; distillé, il donne une plus grande quantité d'alcool. Sa couleur est très-rembrunie; il seroit impossible de boire ce cidre pur, pour l'usage habituel; il faut qu'il soit étendu dans beaucoup d'eau pure; il se conserve quatre ou cinq ans.

Le second est également un sol très-gras et très-riche, mais cependant inférieur au précédent; il est voisin des bords de la mer. Une partie du département d'Ille-et-Vilaine, l'Avranchin, le Cotentin, le Bessin, le pays de Bray, le Roumois, le pays de Caux (seulement dans quelques-unes de ses parties), nous fournissent un exemple du second crû; les cidres de ces contrées se ressemblent beaucoup : il faut cependant mettre en première ligne celui du Bessin et du Cotentin, et excepter de toutes ces contrées la partie la plus voisine de la mer, dont le cidre est en général d'une qualité inférieure à celui qui croît un peu plus au milieu des terres; ce dernier est très-bon, et a le double avantage d'être aussi flatteur à l'œil qu'au goût. Sa couleur est celle de l'ambre jaune ou succin; mais il n'est pas susceptible de s'étendre dans une aussi grande quantité d'eau que celui du pays d'Auge; il donne moins d'alcool, et ne se conserve pas plus de deux ou trois ans.

Le troisième est pauvre, maigre, pierreux, etc., et est propre à la contrée de la Normandie connue sous le nom de *Bocage*, à une grande partie de la ci-devant Bretagne, etc. Il fournit une liqueur qui se ressent de la pénurie du sol, est claire, assez agréable au goût; mais elle donne peu d'alcool, se conserve mal, et a toujours une grande tendance à devenir aigre. Cette espèce de cidre, que l'on peut boire pur, se garde un an, rarement deux.

Les pommes, ainsi qu'il a été dit, se cueillent à différentes époques qui sont relatives à leurs espèces, et au temps où chacune est mûre; l'indication la plus sûre est la chute spontanée de ces mêmes fruits, que l'on accélère en agitant les arbres, et enfin en les battant avec des gaules.

Cette opération se fait, autant que possible, par un temps sec, la pluie et la rosée y étant très-préjudiciables; les pommes cueillies en temps humide et mises en tas, ne manqueroient pas de pourrir avant leur maturité. Quand elles sont abattues, on transporte au pressoir ce qu'il en peut contenir des plus mûres; les autres se mettent dans un appartement placé au-dessus du pressoir, d'où on les fait tomber dans ce dernier à mesure que l'on se propose de les piler.

Il est fort à propos de les laisser suer

pendant quelque temps, et se débarrasser de la partie aqueuse et superflue qu'elles contiennent. Elles acquièrent alors une odeur agréable qui caractérise leur parfaite maturité.

Le soin de tenir les pommes à l'abri des intempéries de l'air, et aussi amoncelées que possible, est sûrement bien préférable à l'usage plus général où l'on est, surtout dans les grandes exploitations, de les tenir dehors et en monceaux plus ou moins considérables. Il résulte du premier procédé que, recevant également les influences de l'air, leur degré de maturité est plus uniforme, et qu'il est plus facile au propriétaire de déterminer le moment où on doit les piler.

Quelques écrivains célèbres prétendent que cette époque doit précéder immédiatement celle où il se trouveroit des pommes pourries, et que ce dernier état des pommes est très-préjudiciable à la qualité du cidre. Il y a bien quelques apparences, même quelques probabilités qui semblent venir à l'appui de cette assertion. Il sembleroit encore que l'on ne peut la révoquer en doute, puisque quelques-uns assurent qu'elle est le résultat d'expériences réitérées et suivies avec le plus grand soin. Cependant, comment croire aussi que les mêmes essais n'ont pas été faits dans le pays d'Auge, dans le Bessin, le Cotentin, l'Avranchin, une partie de la Bretagne, le Bocage, le pays de Caux, le pays de Bray, le Roumois, la Picardie, etc., où l'on est dans l'usage de ne faire écraser les pommes que lorsqu'il y en a au moins un dixième, un quart, et souvent la moitié de pourries ? En effet, on pourroit citer l'expérience de plus de trente propriétaires riches et instruits des différentes contrées que je viens de nommer, qui regardent comme indispensable, lorsqu'ils font piler leurs pommes, qu'il y en ait une quantité de pourries, laquelle est relative à la différence des crûs et et à l'espèce des pommes; celles d'un mauvais crû, ainsi que les tendres, exigent presque moitié de pommes pourries; les moyennes, un peu moins. Quant aux bons crûs, et surtout les pommes dures, il suffira qu'il y en ait un quart, et même souvent un peu moins, qui soient pourries.

Les pommes ayant acquis le degré de maturité convenable, on les soumet à l'action de la meule, que l'on ne cesse de faire tourner dessus que lorsqu'elles sont écrasées. (Cette opération se fait sans eau, si la liqueur à extraire est destinée à faire de l'alcool ou à être conservée long-temps. Si l'on ne veut faire que du cidre, mal à propos nommé *cidre pur*, mais tel qu'il se trouve dans le commerce, on ajoute, en faisant cette première opération, environ une vingtième partie d'eau : sur un myriagramme, 9,0 de pommes, on met environ un litre d'eau, ce qui fait à peu près 0,12 de la liqueur extraite, un kilogramme de pommes rendant environ six décilitres de cidre pur.) Ce travail se fait ordinairement avec un cheval qui fait tourner deux meules de bois, mais mieux une meule de pierre non calcaire, dans une auge circulaire contenant les pommes. Quand elles sont bien écrasées, on se sert d'une grande pelle pour les placer sur une espèce de parquet en bois, nommé la *mage*, qui est de forme carrée et entourée d'un rebord ; un homme placé sur la mage reçoit les pommes écrasées à mesure qu'on les lui donne, et les y arrange de manière à former une couche de pommes d'environ un décimètre d'épaisseur, sur laquelle il place un lit très-mince de glui ; on fait dépasser ce dernier d'environ huit centimètres, un second lit de pommes, puis un second lit de glui, etc. (en Angleterre le glui est remplacé par un tissu de crin semblable à ceux dont on couvre l'orge convertie en drèche), jusqu'à ce que le tout forme à peu près un cube, que l'on couvre avec une grande table de bois, dont les pièces sont assujetties les unes aux autres avec de petits madriers. Le tout est soumis à l'action du pressoir, et l'on tire le plus qu'il est possible.

On ne doit conseiller à personne l'usage de la méthode indiquée par quelques auteurs, de laisser pendant quelque temps les pommes écrasées dans une cuve avant de les presser pour colorer davantage le cidre ; nous croyons au contraire que plus on met de célérité dans cette opération, mieux on réussit à avoir un cidre généreux et de bonne sève ; par la méthode indiquée, l'évaporation le priveroit de ses esprits très - fugaces, si nécessaires pour le conserver bon et agréable.

La liqueur extraite par le procédé ci-dessus est ce qu'on appelle du gros cidre, qui, passé à travers un gros filtre, comme un tamis de crin mis dans un tonneau, y subit la fermentation nécessaire ; il est fort, extrêmement capiteux, et l'on ne pourroit en boire sans courir les risques de s'enivrer.

Cette première opération est toujours suivie d'une seconde, et même quelquefois d'une troisième ; le jus des pommes n'étant pas entièrement extrait par la première, on a recours à la seconde.

Le produit de la première opération est destiné à faire du cidre que l'on veut conserver, vendre ou convertir en alcool ; celui de la seconde et de la troisième est destiné à faire ce qu'on appelle cidre de ménage ou petit cidre ; c'est celui que l'on donne aux ouvriers occupés de la récolte et des travaux journaliers ou habituels : ce seroit une maladresse que de leur donner du gros cidre, qui ne manqueroit pas de les enivrer.

Veut-on avoir un tonneau de bon cidre, dont le goût soit agréable, et qui puisse désaltérer et rafraîchir sans s'enivrer, on emploîra une quantité de pommes proportionnée à la quantité de cidre qu'on se propose d'avoir, en observant qu'environ cent trente myriagrammes de pommes, auxquelles on ajoute vingt-cinq décalitres d'eau, mises à piler en une ou plusieurs fois, suivant la capacité de l'auge, ensuite pressées selon la marche ci-dessus indiquée, fourniront cinq ou six hectolitres de liqueur, en raison de ce que l'on pressera plus ou moins.

Viendra ensuite la seconde opération que nous avons annoncée, et qui s'appelle *rémiage*; elle consiste à enlever le résidu de la première, dont on ôte le glui, que l'on met en réserve, pour servir, autant que possible, à la seconde et troisième opération projetée; on met le résidu dans l'auge, on y ajoute environ trois hectolitres d'eau, et l'on fait agir la meule, qui, en lavant les différentes parties du résidu, achève d'écraser les quartiers de pommes et les pepins qui lui avoient précédemment échappé : le tout, mis de nouveau en presse, donne quatre ou cinq hectolitres de liqueur que l'on met avec la première.

Reste la troisième et dernière opération, dont le produit est ordinairement si peu intéressant, que, dans les années abondantes, on en fait rarement usage : elle se traite comme la seconde, seulement on n'y emploie que deux hectolitres d'eau, et on retire tout au plus trois hectolitres de liqueur, en pressant le résidu jusqu'à siccité.

Il est d'expérience que le cidre n'est jamais meilleur que lorsque, mis dans un tonneau, on ne l'en tire que pour le boire, toute agitation lui étant plus ou moins préjudiciable, lorsqu'il a cessé de fermenter.

Il est aussi d'expérience que, plus le tonneau qui le contient est grand, mieux et meilleur il s'y conserve : il réussit mal en barriques.

Le cidre obtenu par la réunion de ces trois opérations se nomme dans le pays *cidre mitoyen* ; aussi bienfaisant qu'agréable au goût, il plaît encore à l'œil : c'est la boisson ordinaire des propriétaires et des riches cultivateurs des pays à cidre ; c'est en même temps la liqueur la plus économique dont on puisse faire usage. De tel cidre coûte rarement un décime le pot, et se conserve un an, même dix-huit mois.

Lorsqu'il a fermenté et qu'il est clarifié, s'il est mis en bouteilles, il y devient plus spiritueux, plus agréable, et susceptible de se conserver long-temps. J'en ai bu qui avoit huit ans : c'étoit un gros cidre, mais qui n'étoit plus spiritueux ; il étoit généreux et bienfaisant. C'est ordinairement au mois de mars ou d'avril que l'on met le cidre en bouteilles : celles de terre sont préférables à celles de verre.

Le résidu, dans l'état où nous l'avons laissé, n'est pas un objet à dedaigner ; on l'emploie avantageusement pour suppléer aux fourrages : mêlé avec un peu de farine ou du son, il sert, en hiver, à nourrir les vaches et les cochons ; cet aliment ne les engraisse pas, mais il les soutient. On le coupe aussi en gâteaux carrés d'environ trois décimètres, on ôte le glui et on place ces gâteaux dans un local bien aéré où ils puissent sécher. La meilleure manière est de les entasser comme le tan que les tanneurs destinent à brûler. L'année suivante ces mêmes gâteaux sont très - secs , brûlent avantageusement, et leurs cendres sont de la meilleure qualité. Ce même résidu, mis à pourrir et mêlé avec partie égale de terre végétale , est un fort bon engrais pour les terrains secs et arides. Des cultivateurs des environs de Rouen vantent également ses bonnes qualités pour l'amélioration des prairies et l'engrais des pommiers.

CHAPITRE XIII.

Poiré (vinum piracium), *liqueur que l'on tire des poires.*

Peu de recherches ayant été faites sur cette boisson , on a peu de renseignemens sur son origine ; on sait seulement que l'usage du poiré a suivi de très-près celui du cidre , en Normandie, d'où il a passé successivement dans quelques-unes des provinces voisines.

Moins sain et moins bienfaisant que le cidre , le poiré a cependant de bonnes qualités reconnues. On assure que les nourrices qui en boivent ont plus de lait : il est très-apéritif ; et c'est vraisemblablement la raison qui en fait recommander l'usage aux personnes qui ont trop d'embonpoint, et à celles qui sont

menacées d'hydropisie. Il est si clair et si limpide, que la friponnerie et la mauvaise foi
de certains marchands de vin l'a souvent sub-
stitué avec succès à cette dernière liqueur,
et surtout au vin mousseux de Champagne.

Cette liqueur, dont le goût est souvent plus
agréable que celui du cidre, donne de bon
alcool, et en assez grande quantité. D'un
kilolitre de poiré, on tire un hectolitre d'alcool, que l'on peut employer aux mêmes
usages que celui que l'on tire du vin.

Moins estimé que le cidre, le poiré est
toujours d'un prix fort inférieur ; souvent un
tonneau de poiré ne coûte que le tiers d'un
tonneau de cidre. Il est d'ordinaire la boisson
du pauvre, pour lequel il est peu économique,
n'étant pas aussi nourrissant que le cidre.

Le poirier étant moins difficile sur la qualité du terrain que le pommier, réussira très-
bien dans les terres légères et peu substantielles ; il réussira également dans la glaise
et l'argile, et il est d'observation que les poires
qui viennent dans un tel sol donnent le
meilleur poiré ; aussi la contrée de Normandie connue sous le nom de Bocage a-t-elle
une grande supériorité, sous ce rapport,
sur tous les pays où l'on fait du poiré.

Les poires les plus âpres sont celles dont
on tire le meilleur et le plus agréable poiré ;
les procédés à employer sont les mêmes que
pour faire le cidre, à la différence près que
les poires fournissant presque moitié plus de
liqueur que les pommes, il faut conséquem-

ment moitié moins de poires pour avoir la même quantité de liqueur.

Le poiré se conservant moins que le cidre, on ne met de l'eau, et en petite quantité, que lorsqu'il y a disette de poires, ou dans celui qu'on se propose de boire immédiatement après qu'il a passé à l'état de fermentation. A l'ordinaire, on le fait pur, soit pour le boire, soit pour le distiller. Fait de cette dernière manière, le bon poiré pourroit se conserver plusieurs années; mis en bouteilles, il se garde encore plus long-temps, et, comme nous l'avons déjà dit, il prend souvent le masque du vin. Deux époques différentes pour la maturité des poires les font distinguer sous le nom de *poires tendres* et *poires dures*.

Elles ne doivent pas avoir le même degré de maturité que les pommes; non-seulement il ne faut pas qu'il y en ait de pourries, il ne faut pas même qu'il y en ait de molles, pour qu'elles soient bonnes à piler; il suffit qu'elles soient jaunes, et que leur odeur indique qu'elles sont mûres.

Les poires tendres se cueillent et se pilent dans le mois de septembre, et les dures dans celui d'octobre. On ne fait aucune différence entre la qualité du poiré de poires tendres et de celui de poires dures; le seul choix qu'il y ait à faire consiste dans certaines espèces de poires dont la qualité est de beaucoup supérieure aux autres.

De la réunion des pommes et des poires,

les premières tombées, on fait une boisson (nommée *albi*) qui est très-médiocre, et qui n'est supportable qu'autant qu'elle est bue nouvellement faite.

Le résidu des poires, traité comme celui des pommes, brûle et chauffe beaucoup mieux que ce dernier. Les cendres en sont préférables.

Le poiré d'Angleterre est très-supérieur à celui qu'on fait en France. On fait encore beaucoup d'autres boissons fermentées avec des fruits : on en fait même avec des fleurs. On boit à Hambourg une espèce de vin léger et mousseux, qui ressemble au vin de Champagne, et qui est fait avec des primevères.

CHAPITRE XIV.

Des marais saluns, marais salés.

Marais salans. Lieux bas disposés sur quelques parties de nos côtes pour recevoir à volonté l'eau de la mer, et lui donner moyen de s'évaporer et de livrer à la consommation le sel qu'elle contient. Cet objet n'étant point directement du ressort de l'agriculture, je n'en parlerai pas plus au long.

Marais salés. Marais formés sur les bords de la mer par la mer même, et dont par conséquent l'eau est salée.

Ces marais, qu'il faut distinguer des marais salans, puisque ces derniers sont les produits de l'art, ne donnent naissance qu'à un petit nombre de plantes particulières qu'on a appelées plantes maritimes, telles que les soudes, les salicornes, le crambé, etc., qu'il faut bien distinguer des plantes marines, qui sont les varechs, les ulves et les conferves. Les céréales et les autres articles de nos cultures ordinaires ne peuvent y croître, de sorte qu'il faut s'y borner à semer des soudes, dans les parties qui sont susceptibles d'être labourées, dans le but d'en tirer l'alkali.

Mais il arrive quelquefois qu'on peut empêcher le retour des eaux de la mer par le moyen des digues ; et alors la première opération à faire pour rendre la terre de ces marais propre à recevoir des semences de blé et autres céréales, des prairies artificielles, des arbres fruitiers et forestiers, etc., c'est de la dessaler.

Pour cela on a trois moyens : 1° d'attendre que les eaux de pluie aient entraîné le sel, ce qui demande quatre à cinq ans ; 2° d'y introduire une rivière ou un ruisseau, ce qui va plus vite, mais ne peut se pratiquer partout ; 3° d'y semer d'abord de la soude, et ensuite planter du tamarix, qui décomposent le sel (1). Comme ce dernier

(1) Phénomène dont on n'a pu trouver encore la cause ; mais c'est un bienfait remarquable de la Providence, que les seules plantes qui puissent venir sur ces terrains salés soient celles que la nature a douées de la singulière propriété de décomposer le sel, qui les rend infertiles......

moyen concourt avec le premier, et fait qu'on arrive plus promptement au but, on en fait fréquemment usage. Les mêmes moyens s'emploient ou peuvent s'employer pour les terres qu'une marée extraordinaire, ou une violente tempête, auroit momentanément couvertes d'eau de mer, et qui par là seroient devenues infertiles.

On appelle *sel marin* la combinaison de l'acide muriatique avec la soude.

On trouve le sel marin dans l'eau de la mer, dans celle de quelques fontaines, et en grandes masses solides dans la terre.

Il se forme du sel marin de toutes pièces dans les lieux humides et peu aérés, où il y a des matières animales et végétales en décomposition, c'est-à-dire dans tous ceux où il se produit du salpêtre.

On retire le sel de l'eau de la mer et des fontaines salées par l'évaporation naturelle ou artificielle. Comme cette opération n'est pas du ressort de l'agriculture, je n'en parlerai pas.

En France, c'est du sel marin provenant des eaux de la mer qu'on fait usage le plus généralement. Il est fort impur, contenant de la silice, de l'argile, du fer, de la chaux, de la magnésie, et les muriates qui ont ces deux dernières terres pour bases. On l'appelle sel gris, par opposition au sel blanc, qui est le même, purifié, ou privé des terres ci-dessus, par la dissolution, la décantation, la filtration et l'évaporation sur le feu.

Comme le sel blanc est en très-petits cristaux, il occupe à poids égal plus d'espace que le sel gris ; c'est pourquoi il ne faut jamais l'acheter à la mesure.

Les cultivateurs non-seulement ont besoin du sel pour leur consommation personnelle, mais encore pour entretenir leurs bestiaux en santé, et la rétablir lorsqu'elle est altérée.

Partout où l'eau de la mer aborde, partout où on répand une grande quantité d'eau salée, elle fait périr les plantes, et ce n'est qu'au bout de quelques années, lorsque les eaux de pluie, ou la végétation des plantes propres aux sols salés, car il y en a, ont entraîné ou décomposé le sel, qu'il en revient de nouvelles.

Ce fait avoit sans doute déterminé les peuples de l'antiquité à regarder le sel comme le signe de l'infertilité : aussi, lorsqu'un conquérant vouloit punir un peuple vaincu de sa résistance, il détruisoit ses villes, en faisoit labourer le sol, et faisoit semer du sel dessus. Nos anciennes lois prononçoient la même peine pour les particuliers convaincus de certains crimes.

Il est cependant plusieurs cantons en Europe où l'on fait, de temps immémorial, usage de sel comme amendement, la ci-devant Bretagne par exemple ; et aujourd'hui des expériences nombreuses constatent son efficacité sous ce rapport, mais en même temps la difficulté de le doser convenablement.

CHAPITRE XV.

Commerce sur mer.

Ceux qui sont près de la mer ont la facilité d'un autre débouchement très-lucratif de toutes leurs denrées et effets, de quelque nature qu'ils soient ; car on commerce de tout sur mer, grains, eaux-de-vie, vins, cidres, bières, fruits, toiles, cordages gros et fins, bois, chardons, chairs et provisions de toute espèce. On peut non-seulement les vendre pour le compte de ceux qui en ont besoin pour l'entretien de leur équipage ou pour leur cargaison, mais on peut encore charger soi-même sur mer pour son propre compte, ou bien mettre à la grosse aventure ou à la prime.

La grosse aventure est de prendre ou donner des effets que l'on transporte d'un endroit à l'autre, et qui courent les hasards du voyage pour le compte du donneur, sans aucun recours contre celui à qui il les a donnés. On prend des marchandises pour les porter à Bordeaux, à la Rochelle ou à Nantes, à Lisbonne, à Cadix, à Barcelone, à Londres ou à Amsterdam ; si elles arrivent à bon port, on paie le prix convenu en les prenant, et si elles se perdent, on ne paie rien. La convention arrêtée, et les marchandises livrées, le preneur les embarque, ensuite il fournit un contrat de grosse espèce de lettre-de-change du montant, suivant les conventions, sur un particulier de l'endroit où l'envoi est fait, payable ordinairement quinze jours après l'arrivée. Celui qui met à la grosse peut se faire donner ce billet pour le lieu même où il met, en cas qu'il n'ait pas de correspondances au lieu de l'envoi; mais cela est rare entre ceux qui se mêlent de mettre à la grosse; ce à quoi ils prennent garde pour réussir, c'est d'abord à la fortune ordinaire de celui sur qui roule l'embarquement, et ils règlent assez souvent leurs espérances sur la réputation qu'a le maître du vaisseau d'être heureux ou malheureux : outre cela on prend garde si les mesures de l'embarquement sont bien prises; s'il y a de la prudence dans la projet et dans le choix des marchandises qui composent la cargaison; et pour avoir lieu d'espérer de plusieurs côtés, ou pour qu'un bon voyage en récompense un mauvais, on partage sur plusieurs vaisseaux ce qu'on veut mettre sur mer; il est rare qu'on n'y réussisse pas, surtout quand on est un peu entendu à profiter des saisons et des occasions qui font renchérir les marchandises, et des endroits où elles valent beaucoup plus.

Si celui qui a mis à la grosse aventure ne veut pas courir tout le risque, il peut faire assurer ses effets en payant la prime aux assureurs.

La prime est l'intérêt que l'assuré donne à l'assureur pour l'assurance, et cet intérêt se nomme prime, parce qu'il se paie d'avance. On envoie de la marchandise ou de l'argent, ou bien on a donné de l'argent ou envoyé des marchandises à la grosse aventure : pour n'en pas courir le risque, on s'adresse à la chambre des assurances, où sont plusieurs associés nommés assureurs, à qui on donne un certain profit qu'ils appellent prime, moyennant lequel ils promettent, par un contrat que l'on nomme *police d'assurance*, qu'en cas que le vaisseau fasse naufrage, ou soit pris par les corsaires ou par les ennemis, ils paieront une somme dont on convient.

S'il n'y a point de chambre d'assurance, on peut contracter, pour le même effet, avec des particuliers ; et la prime, avec les uns et les autres, est de quatre, cinq, huit et dix pour cent, plus ou moins, selon que le voyage est long et dangereux ; car c'est l'assureur qui court risque, jusqu'à ce que le vaisseau soit arrivé au lieu où les marchandises doivent être débarquées.

On assure quelquefois sur bonnes et mauvaises nouvelles, comme quand on craint qu'un vaisseau ne soit perdu, parce qu'on n'en a eu aucune nouvelle ; en ce cas, la prime est considérable, comme de trente, quarante, quatre-vingts pour cent, suivant la convention ; et si l'on se fait assurer de tout événement prévu et non prévu, les assureurs sont tenus du feu ou du naufrage arrivé par la faute du patron.

Ils ont sur les côtes de la ci-devant Normandie une autre sorte de prêt à la grosse aventure, qu'ils appellent *bodinerie*; ce prêt est assigné sur la quille ou bodine du vaisseau, et l'on hypothèque non-seulement le corps du vaisseau, mais encore les marchandises qui y sont chargées. La bodinerie diffère du contrat d'assurance, en ce qu'on ne paie point de prime, et qu'il n'est rien dû en cas de naufrage ou prise; mais seulement, quand le vaisseau arrive à bon port, on paie la somme principale, avec l'intérêt ou profit maritime stipulé dans le contrat. C'est aux créanciers à prouver devant les juges que le navire est arrivé à bon port, pour rendre le contrat de la bodinerie exécutoire et établir son droit de créance, ce qui n'est point dans les polices d'assurance; ou c'est à l'assuré à justifier la perte ou prise du navire pour son remboursement de la chose assurée.

CHAPITRE XVI.

CULTURES ÉTRANGÈRES.

Canne à sucre, ou *Canamelle.* (Arundo saccharifera.)

C'EST une espèce de roseau articulé, dont la moelle succulente fournit, par expression, le sucre.

La canne à sucre croît naturellement dans

les Indes orientales, dans les îles Canaries et dans les pays chauds de l'Amérique ; elle se plaît dans les terrains gras, humides et aérés : les terres maigres, usées, qui n'ont pas de fond, ou qui sont pesantes, ne produisent que de petites cannes barbues, pleines de nœuds, dont on ne retire que peu de sucres difficiles à fabriquer; les fourmis, les pucerons et les rouleurs font beaucoup de tort par leurs dégâts à la canne à sucre.

Les plantations de cannes à sucre se font très-facilement ; on couche les plants de cannes dans des sillons alignés et parallèles entre eux ; les trous alignés sont plus ou moins éloignés les uns des autres, depuis deux pieds jusqu'à trois pieds et demi, suivant la qualité du terrain ; on les fait de quinze à vingt pouces de longueur, de quatre à cinq de largeur, et de sept à huit de profondeur ; on met dans chaque trou deux ou trois morceaux de canne, longs de quatorze à dix-huit pouces, et qu'on prend au haut de la canne ; on les couche au fond du trou horizontalement, et on les couvre de terre. Lorsque le terrain est comme marécageux et plein d'eau, on place le plant de façon que le bout supérieur sorte hors de terre de quatre à cinq pouces ; c'est ce qu'on appelle *planter en canon*. On plante ordinairement les cannes dans le temps qu'on les récolte, afin de profiter du plant. Quand le temps a été favorable, au bout de sept à huit jours que les cannes sont en terre on voit sortir des œil-

letons, à l'endroit de chaque nœud ou arti-
culation, un bourgeon de la forme d'une
petite asperge, qui, quelques jours après,
se divise en deux feuilles minces, longues,
peu larges et opposées ; la tige continue
de s'élever en pointe : elle produit peu de
temps après deux autres feuilles, et ainsi
de suite. Quand elle est parvenue à la hauteur d'environ un pied, il sort de sa base
d'autres bourgeons plus ou moins nombreux,
suivant la qualité du terrain : le sarclage est
ici nécessaire, et à défaut de pluie il faut
arroser. Au bout de dix, douze à quinze
mois, selon la vitesse de la végétation, les
cannes à sucre sont parvenues à leur maturité ; on les coupe très-près de la racine ;
ces souches reproduisent deux ou trois fois
de nouvelles coupes ; on rejette les feuilles,
et au moulin on comprime ces cannes
entre deux rouleaux qu'on appelle *rôles*,
faits d'un bois très-dur, et qui tournent en
sens contraires ; les cannes répandent par ce
moyen une liqueur douce, visqueuse, appelée
miel de canne, et que l'on fait cuire ensuite
jusqu'à la consistance du sucre. On procède
promptement à la cuisson de cette liqueur ;
car, au bout de vingt-quatre heures, elle
s'aigrit ; et même, si on la gardoit plus long-
temps, elle se changeroit en fort vinaigre. Les
fagots de cannes exprimées portent le nom
de *bagace*, et le suc ou jus de canne, celui
de *veson*. Quelques-uns l'appellent aussi *vin
de canne*.

En quelques endroits de l'Amérique, on donne souvent aux chevaux les tiges des cannes à sucre exprimées : ces animaux en sont friands, et prennent beaucoup d'embonpoint ; plus communément les bagaces servent à chauffer les chaudières.

On fait bouillir, pendant environ six heures, en versant de temps en temps de l'eau, la liqueur extraite des roseaux : on l'écume, et cette lie qui surnage sert à nourrir les animaux. Pour purifier davantage le sucre, on y jette, pendant l'ébullition, une forte lessive de cendres de bois et de chaux vive, et on écume continuellement ; ensuite on passe la liqueur au travers d'une étoffe de gros drap blanc ; d'autres fois on transvase seulement la liqueur à différentes reprises ; c'est dans l'art de purifier ainsi le veson que consiste l'art du manufacturier ; car trop de cendres le grille, et trop de chaux le rougit ordinairement. Le marc sert, en quelques endroits, à nourrir ou les esclaves ou les pourceaux ; d'autres, en y mêlant de l'eau, et le laissant fermenter, en font une liqueur vineuse : on fait bouillir de nouveau cette liqueur veson ; on apaise l'impétuosité des bouillons, en versant quelques gouttes d'huile ou de suif : la plus petite quantité de suc acide empêcheroit le sucre de se cristalliser et de prendre une consistance solide. On verse la liqueur encore chaude dans des moules de terre en forme de cônes creux (ces moules doivent avoir été humectés auparavant par

l'eau, et cerclés aux deux extrémités), ouverts par les deux bouts, et dont le petit trou
qui est à la pointe est bouché avec du bois ,
ou de la paille , ou du linge mouillé. Les
Caraïbes appellent *caniche-ira*, le jus de la
canne , le sirop , et *choucre* , le sucre.

Toutes les opérations que l'on fait dans la
préparation du sucre et dans l'art de le raf-
finer tendent à débarrasser et purger ce sel
essentiel d'un suc mielleux , qui lui ôte la
blancheur , la solidité , la finesse et le brillant du grain qu'on lui procure en le bras-
sant à droite et à gauche avec une palette.
On ouvre ensuite, au bout de quelques jours ,
le petit trou pour donner écoulement au suc
mielleux , on verse sur la partie supérieure
du cône une bouillie claire , avec de la terre
blanche argileuse détrempée dans de l'eau.
Ce menstrue se charge d'une substance glutineuse de la terre , et, passant à travers la
masse du sucre, lave les petits grains et les
purifie du suc mielleux. Au bout de quarante jours ou environ, le sucre est desséché.

Celui qui est en morceaux , de couleur
rousse, s'appelle alors *sucre terré rouge* ou *de
Chypre* : il est purgatif. S'il est d'une couleur
grise, blanchâtre , et en morceaux friables ,
il prend le nom de *mosconade moyenne* ;
c'est là la matière dont on fait toutes les autres
espèces de sucre. Lorsque la mosconade a
subi de nouveau à peu près les mêmes opérations dont nous venons de parler, elle est
purifiée du suc mielleux ; et c'est alors de la

cassonade ou *castonade*, dont la meilleure est blanche, sèche, ayant une odeur de violette. La cassonade, purifiée elle-même par les mêmes moyens que ci-dessus, ou par les blancs d'œufs ou par le sang de bœuf, donne le sucre raffiné, le sucre fin ou le sucre royal, ainsi nommé parce qu'on n'en peut faire de plus pur, de plus blanc ni de plus brillant. Ce sucre, étant très-sec et frappé avec le doigt, produit une sorte de son ; frappé ou frotté dans l'obscurité avec un couteau, il donne un éclat phosphorique. Douze cents livres de bon sucre ne doivent produire que six cents livres de sucre royal ; aussi la plupart des raffineurs et des marchands font-ils passer le plus beau sucre raffiné pour sucre royal, ou au moins pour du demi-royal. La liqueur mielleuse qui découle des moules ne peut s'épaissir que jusqu'à la consistance de miel ; c'est pourquoi on l'appelle *miel de sucre*, *remel*, et plus communément *mélasse* ou *doucette*. Quelques-uns la font fermenter avec de l'eau, et en retirent une liqueur vineuse qui, distillée, donne une eau-de-vie nommée *tafia*. Le sucre candi n'est que du suc refondu à diverses fois et cristallisé : il y en a du blanc et du rouge.

On regarde comme une faute, commune aux Anglais et aux Français, d'avoir souffert des raffineries de sucre dans les colonies qui le produisent ; car pour tirer le plus grand avantage des colonies de l'Amérique, il faut les mettre dans le cas de ne se pouvoir passer ni des fabriques ni des denrées de l'Europe.

Quoi qu'il en soit des sucres qui se raffi-
nent encore en France, celui de l'affinage
d'Orléans passe pour le meilleur; il est moins
blanc que ceux de Hollande et d'Angleterre,
mais il sucre davantage, parce qu'il est moins
dépouillé de ses parties mielleuses et vis-
queuses.

Les anciens retiroient un sucre naturel du
bambou, espèce de roseau de l'Inde orien-
tale, appelé *bamboé* dans la province de
Malabar. Ce bambou est le *tabaxir* d'Avi-
cenne, que Juba dit croître dans les îles For-
tunées ou Canaries, et produire du sucre.
On retire aussi une espèce de sucre gras et
brunâtre de l'érable du Canada.

Du café.

Caféyer ou cafier, coféa : genre de plantes
exotiques ligneuses, qui comprend environ
vingt espèces connues, dont la plus célèbre
est le caféyer arabique.

Les caféyers sont de petits arbres ou des
arbrisseaux qui croissent naturellement dans
les pays situés sous les tropiques, ou dans
leur voisinage.

En 1669, le grand-seigneur Mahomet IV
envoya une ambassade à Louis XIV : Soli-
man-Aga en étoit le chef. Il fit à Paris un
séjour de dix mois, pendant lequel son esprit
et sa galanterie lui attirèrent l'attention de
tout ce qu'il y avoit de distingué dans cette
capitale. Chacun s'empressa de le visiter. Les

femmes surtout eurent la curiosité d'aller le voir chez lui. Il leur faisoit servir du café, selon la coutume de son pays. Des esclaves richement vêtus le versoient dans de superbes tasses de porcelaine, entourées de serviettes à franges d'or. Un air d'élégance et de propreté accompagnoit ce service, rendu plus piquant encore par l'aspect étranger des meubles et des habillemens, et par la singularité d'être assis sur des carreaux, et de parler au maître du logis par interprète.

Il n'étoit pourtant pas aisé de se procurer la fève précieuse avec laquelle se faisoit cette liqueur ; c'étoit alors une marchandise inconnue dans le commerce : on ne pouvoit en trouver qu'à Marseille, et Marseille même en avoit fort peu. Labat assure que, dans ces commencemens, la livre de café se vendit jusqu'à quarante écus.

Cependant, en 1672, un Arménien nommé Pascal, établi à Paris, ouvrit à la foire Saint-Germain, et ensuite sur le quai de l'École, une boutique de café pareille à celle qu'il avoit vue à Constantinople ou dans le Levant. On la nomma *café*.

Au lieu de se procurer un lieu d'assemblée décent où pussent se réunir les personnes aisées, les seules alors qui fissent usage du café, ils n'eurent que de vraies tavernes où l'on fumoit, où l'on buvoit de la bière, et dont par conséquent la bonne compagnie n'osa jamais approcher. Étienne d'Alep et le Florentin Procope furent les premiers à Paris

qui imaginèrent de décorer avec goût les salles
où se distribuoit cette liqueur. En peu de
temps ils eurent une foule d'imitateurs ; déjà,
en 1676, leur nombre étoit si grand qu'il
fallut les réunir en communauté, et leur
donner des statuts.

Le goût du café se répandit bientôt à Londres et dans le reste de l'Europe. Les Hollandais, spéculateurs habiles, cherchèrent à
introduire le caféyer dans leurs colonies. Malheureusement, de toutes les fèves qu'ils semè-
rent, aucune ne leva ; car ce grain est un de
ceux qui, pour germer, demandent à être
mis en terre à l'instant qu'ils sont cueillis. On
l'ignoroit alors ; ce qui fit croire que les Arabes, avant de vendre leur café, le faisoient
passer au four, afin d'en dessécher le germe.
Les Hollandais, sans se décourager, allèrent
à Moka chercher des plants de caféyer, qu'ils
transplantèrent à Batavia, où ils réussirent
très-bien. De Batavia, ils en transportèrent
à Surinam et à Berbiche, sur la côte de la
Guiane, et la chaleur du climat les y fit
prospérer également. Un tel succès fit ouvrir
les yeux au gouvernement français, ou ré-
veiller l'industrie de nos colons. Ni l'un ni
l'autre n'arriva ; et Paris eut des caféyers avant
nos îles. Les Hollandais en avoient élevé quelques-uns à Amsterdam par curiosité. En 1714,
le bourguemestre, régent de cette ville, en
envoya deux pieds à Louis XIV, qui furent
déposés au Jardin Royal des Plantes. Bientôt on les remit à M. Desclieux, qui alloit

à la Martinique en qualité de lieutenant de
roi. Il fut chargé de porter ces arbustes dans
cette île. L'eau ayant manqué dans la traversée, et ne se distribuant plus que par mesure, Desclieux, pour arroser les deux plants
qui lui étoient confiés, eut la générosité de
se priver chaque jour d'une partie de celle
qu'on lui livroit. Son sacrifice fut récompensé
par le succès. Les jeunes caféyers arrivèrent
en bon état, et il eut la consolation de voir
leurs fruits se multiplier assez pour procurer
à la Martinique une nouvelle source de richesses. En 1726 l'intendant de cette île
dressa un procès-verbal de ce qu'avoient produit les deux arbres apportés par Desclieux.
Il résulta de l'enquête que l'île alors pos-
sédoit déjà deux cents caféyers assez forts et
produisant du fruit, deux mille plants moins
avancés, et un nombre infini d'autres dont
les graines commençoient à pousser et à sortir
de terre. Quelques années après, des plants
de caféyer furent transportés de la Martinique à Saint-Domingue, à la Guadeloupe et
dans plusieurs autres Antilles.

Dans le même temps à peu près, la culture
du caféyer fut introduite aussi à Cayenne
par un Français nommé Mourgue, qui, au
péril de sa vie, en apporta des graines fraîches de la Guiane hollandaise. Mais l'île
Bourbon est la première de nos colonies
qui ait cultivé le caféyer, la première aussi
qui ait envoyé du café dans nos ports. Dès
1717, la compagnie française des Indes

y avoit fait passer des plants de caféyer arabique , et c'est de ces plants que descendent
tous les caféyers cultivés aujourd'hui dans
cette île, et qui donnent le café connu dans
le commerce sous le nom de café Bourbon.
Cependant il en existe une espèce ou une
variété indigène à ce pays ; du moins le fait
suivant, consigné dans les Mémoires de l'A-
cadémie des sciences de Paris, année 1715,
semble le prouver. Un vaisseau, y est-il dit,
qui venoit de Moka , et qui mouilloit à l'île
de Bourbon, y avoit apporté comme curiosité une branche de caféyer chargée de fleurs
et de fruits. Les habitans à qui on la mon-
tra furent fort étonnés d'y reconnoître un
des arbres de leurs montagnes. Ils allèrent
chercher des branches de ceux-ci, dont la
comparaison avec celles qui avoient été apportées se trouva exacte , tant par la feuille
que par le fruit; seulement le café de l'ile
fut trouvé plus long , plus menu que celui
d'Arabie.

C'est principalement dans le royaume d'Yé-
men, vers les cantons d'Aden et Bender-
Abassy, que se trouvent en Arabie les plantations considérables de caféyers. La température de ce pays est très-chaude, mais les
montagnes qui s'y trouvent sont froides au
sommet, est c'est ordinairement à mi-côte
que les Arabes cultivent le caféyer, au pied
duquel ils ont soin de faire passer un filet
d'eau. Ils sont aussi dans l'usage de garnir de
pierres les fosses qu'ils creusent pour le plan-

ter. Dans la plaine et dans tous les lieux exposés au midi ou trop découverts, on l'abrite
par d'autres arbres placés dans son voisinage.
Sans cette précaution, la chaleur excessive
dessécheroit ses fruits avant la récolte : les
soins donnés ensuite à cette culture consistent à détourner l'eau des sources, pour la
conduire auprès des caféyers. Afin d'en écarter
les insectes, on attache à leurs pieds une
petite bande de toile, large de deux ou trois
doigts, imbibée d'une huile particulière. La
récolte du fruit se fait à trois époques ; la plus
grande a lieu en mai. On étend des pièces
de toile sous les caféyers qu'on secoue. Jamais
la main de l'Arabe ne se porte sur l'arbre
pour y cueillir une graine de café ; quelque
apparence qu'elle donne de sa maturité, il
ne regarde comme mûr que ce qui tombe
par les secousses légères données à l'arbre.
Ce café est jeté dans des sacs, transporté
ailleurs et mis à sécher sur des nattes. Au
bout de quelques jours, on passe par-dessus
les baies un cylindre de pierre ou de bois
fort pesant, afin de dépouiller les graines de
leurs enveloppes. On vanne ensuite ces graines ou fèves, on les monde et on les fait
sécher de nouveau.

Pour faire de bon café, la qualité du grain
est la première chose à considérer ; il doit
être parfaitement sec, difficile à casser sous
la dent, d'une couleur légèrement jaunâtre,
parfumé et sans odeur étrangère quelconque :
pour sa torréfaction, on a employé succes-

sivement divers procédés ; d'abord on se servit d'une pelle de fer ou d'un poêlon de terre vernissée ; mais cette méthode avoit le désavantage d'exiger beaucoup de temps , et de ne jamais rôtir également le grain ; d'ailleurs , l'usage des vaisseaux de terre vernissée peut être pernicieux , parce que l'émail ou vernis de la terre s'éclate par la chaleur , tombe et se mêle quelquefois au café. On leur substitua donc le cylindre ou tambour de tôle , qu'on fit tourner sur un fourneau de même matière. Le premier grain brûlé dans le tambour prend , il est vrai , une odeur désagréable ; mais quand cet ustensile a servi pendant quelque temps , il n'en communique plus aucune au café. Cette manière de le rôtir est moins fatigante que la torréfaction à la poêle. Pendant l'opération , il faut entretenir dans le fourneau un feu égal et doux , et tourner continuellement la manivelle du tambour. On doit retirer le grain aussitôt qu'il a pris une couleur cannelle. Si l'action du feu étoit portée plus loin , le principe huileux du café deviendroit empyreumatique , et rendroit cette boisson plus nuisible que salutaire : après avoir tourné le tambour à l'air pendant deux ou trois minutes , on verse le grain sur un corps froid , tel que la pierre ou le marbre , afin de concentrer en lui-même ses principes ; et quand il est entièrement refroidi , on le met dans un vase quelconque qu'on tient exactement fermé ; l'usage de l'étouffer dans une serviette ou dans du papier est mauvais, parce que ces corps lui enlèvent sa partie huileuse, qu'on ne retrouve plus dans la liqueur.

Il ne faut jamais moudre le café avant son entier refroidissement ; tant qu'il conserve un reste de chaleur, il est un peu gras et pâteux ; dans cet état, il embarrasseroit la noix du moulin et ne passeroit pas. Cependant on doit mettre le moins d'intervalle possible entre sa torréfaction et son infusion. Les Arabes préparent ainsi le leur. L'infusion de café peut se faire à l'eau froide ou à l'eau bouillante ; chacune de ces deux méthodes présente un avantage et un inconvénient. Infusé à l'eau froide, il perd moins de son arome et de ses principes huileux par l'évaporation ; mais il en est beaucoup qui restent dans sa poudre ou son marc, et dont la liqueur se trouve privée. L'infusion à l'eau bouillante lui enlève au contraire tout ce qu'il a de parfum et d'esprit, mais en laisse échapper une partie. Ainsi, des deux côtés, il y a perte et gain, et, tout bien considéré, la méthode d'infuser à l'eau bouillante est préférable, pourvu qu'on retire la cafetière du feu aussitôt après y avoir jeté la poudre, et qu'on la tienne ensuite exactement couverte. Nos ferblantiers ont imaginé, depuis quelque temps, un ustensile très-ingénieux pour faire sur-le-champ d'excellent café ; c'est une espèce de grecque dans laquelle les parties balsamiques et spiritueuses de cette substance, détachées et entraînées par l'eau bouillante, passent avec elle à travers une grille de fer-blanc ou de porcelaine, percée d'une infinité de petits trous ; la liqueur tombe dans un vase disposé au fond de la cafetière, et on peut la verser sur-le-champ par le moyen d'un robinet ; elle a tous les indices d'un café bien préparé et naturel ; elle est claire et limpide, nullement chargée ni rendue trouble par les plus petites particules de la substance dissoute, et elle offre dans la tasse une couleur à peu près noire, avec une bordure couleur de marron. Chez la plupart des limonadiers de Paris, on clarifie le café avec la colle de poisson pour le rendre brillant ; mais on lui ôte ainsi une grande partie de son parfum.

Du cacao.

Cacaotier, cacaoyer, cacao : arbre dont les graines pilées servent de base au chocolat.

Quoique cet arbre ne puisse pas être conservé en Europe autrement que dans les serres chaudes, comme il est un des objets de la culture de quelques-unes de nos colonies, et qu'il peut le devenir de toutes, je crois devoir entrer dans quelques détails sur ce qui les concerne.

C'est à la polyadelphie pentandrie et à la famille des malvacées qu'appartient le cacaoyer ; il a le port et il atteint à la hauteur de nos cerisiers ; son bois est poreux et léger. Ses feuilles sont alternes, pétiolées, coriaces, très-entières, grandes, et luisantes en-dessus, veinées en-dessous, pendantes et persistantes. Ses fleurs sont petites, blanches, sans odeur, et disposées en faisceaux ou bouquets. Sur le tronc et les grosses branches, on en voit en tout temps d'épanouies, mais c'est aux approches des solstices qu'il y en a le plus ; les fruits sont des capsules raboteuses, cannelées, rougeâtres ou jaunâtres, ayant la grosseur et la forme d'une olive, attachées à un placenta central ; ce sont les graines que l'on nomme *cacao*.

La pulpe des fruits du cacaoyer est agréable au goût, et on en fait des liqueurs rafraîchissantes.

Une bonne terre légère, qni ne soit ni trop sèche ni trop humide, une exposition abritée des grands vents, est ce que demande le cacaoyer. On lui consacre ordinairement les nouveaux défrichemens, et on plante dans ses intervalles des bananiers. Les labours doivent être aussi profonds que possible.

Les cacaoyers exigent d'être semés sur place, parce que le pivot leur est absolument nécessaire pour résister aux grands vents et aux grandes sécheresses, dont les contrées inter-tropicales, les seules où ils puissent être cultivés utilement, sont si souvent affligées : on doit mettre en terre ses graines aussitôt qu'elles sont récoltées, et les placer à vingt ou trente pieds les unes des autres, en quinconce ; ordinairement on en place trois à un pied l'une de l'autre, afin de couvrir les chances de leur non-germination. C'est un temps pluvieux qu'il faut choisir pour cette opération, afin qu'elles germent plus promptement.

Les pieds levés reçoivent deux binages la première année, et au second on arrache les deux pieds les plus foibles; il est bon de planter dans leurs intervalles, outre les bananiers, des légumes propres à les ombrager, sans cependant les étouffer. A deux ans, quelques-uns ont trois ou quatre pieds de haut, et commencent à fleurir; mais on ne leur laisse porter de fruits qu'à la quatrième année : à huit ans, ils n'en donnent encore qu'une trentaine par an; mais quand ils sont en pleine vigueur, la récolte est communément de deux à trois cents. Ces fruits, qu'on appelle *cabasses*, parviennent en maturité en quatre mois; il y en a toujours sur l'arbre à différens degrés de grosseur; mais on en fait deux principales récoltes, au milieu de l'été et au milieu de l'hiver. Cette dernière est la plus considérable. Placés dans un bon terrain, et soignés convenablement, les cacaoyers produisent avec abondance pendant vingt-cinq à trente ans. Les soins qu'on leur donne pendant tout ce temps se réduisent à un labour annuel à leur pied, et au retranchement de l'extrémité des branches qui s'étendent le plus, ou mieux végètent avec trop de force comparativement aux autres. Les intervalles continuent à être plantés en patates et autres légumes. J'ai oublié de dire qu'on arrête leur croissance en hauteur, par la suppression de leur flèche, qu'on les tient seulement à la hauteur de douze à quinze pieds, pour faciliter la récolte des fruits.

Les fruits du cacaoyer, cueillis, sont laissés en tas sur le sol pendant quelques jours, pour qu'ils complètent leur maturité ; ensuite on en extrait les amandes, lesquelles sont mises dans des tonneaux, où elles ressuient et noircissent, puis on les fait sécher rapidement au soleil, et on les met dans le commerce.

Une cacaoyère bien tenue est un excellent produit, attendu que ses frais sont payés par la culture des plantes qu'on met dans ses intervalles, et que sa récolte manque rarement.

Les amandes du cacaoyer (c'est-à-dire le cacao) sont l'objet d'un commerce de grande importance ; on en retire une huile qui s'épaissit naturellement, et qui porte alors le nom de *beurre* : la meilleure huile s'obtient en les pilant et en les jetant dans un grand vase plein d'eau bouillante ; la seconde, en mettant en presse le marc déjà épuisé par cette première opération. En Europe, on est obligé de les torréfier avant d'en tirer de l'huile, parce qu'elles n'y arrivent que desséchées. Le bon cacao ne doit avoir aucune odeur ; il est très-nourrissant. Les naturels du Mexique en faisoient leur principale nourriture lors de l'arrivée des Européens.

Tout le monde connoît le chocolat, qui n'est autre chose que le cacao pilé, broyé, aussi fin que possible, et uni au sucre, plus, quelquefois à un peu de cannelle ou de vanille; mais cette nourriture, ou cette boisson, dont on fait une si grande consommation dans les villes, ne doit pas être l'objet de la convoitise des cultivateurs, à raison de son haut prix, et parce qu'ils doivent toujours faire valoir les produits de leur sol, en les préférant aux articles de consommation qui viennent du dehors.

Thé. (Thea.)

Arbrisseau du Japon et de la Chine, qui appartient à la famille des orangers, et qui est célèbre par le débit immense qu'on fait de sa feuille, exportée dans tous les pays.

Le thé croît spontanément. Au Japon et à la Chine il est cultivé avec beaucoup de soin. Il est toujours vert, se plaît dans les plaines basses et sur les collines, et les revers de montagnes qui jouissent d'une température douce; les terres sablonneuses et trop grasses ne lui conviennent pas. Ainsi, ce n'est point le froid, mais quelqu'autre raison, qui, jusqu'à présent, a empêché cette précieuse plante de réussir dans nos climats.

Il est vraisemblable que la difficulté de faire germer en Europe les graines de thé, vient de ce qu'étant sujettes à rancir promptement, elles demandent, pour lever, à être mises en terre presqu'aussitôt qu'elles ont été cueillies. M. Fougeroux, dans un mémoire sur cet arbrisseau, que nous engageons le lecteur à consulter, dit que les Anglais sont parvenus à le multiplier chez eux ; et le moyen qui leur a le mieux réussi, pour en assurer le transport, a été de mettre ses graines dans du sable humide contenu dans une caisse, et arrosé avec soin pendant la traversée. On le cultive chez eux en espalier, et on l'y multiplie par le moyen des marcottes. Dans le petit nombre d'individus que possède le Muséum royal, deux pieds ont fleuri abondamment en 1805.

Linnée, sachant que le nombre des pétales dans la fleur de thé est sujet à varier, et que la forme de ses feuilles varie aussi, a cru devoir distinguer deux espèces de thé, savoir : le thé vert (*thea viridis*, Lin.), et le thé-bou (*thea bohea*, Lin.) ; mais plusieurs botanistes, entre autres Lettsom et M. Desfontaines, pensent avec raison que celui-ci est une variété du thé vert. Thunberg et Kœmpfer, qui ont voyagé au Japon, ne parlent que d'une espèce de thé.

Le thé croît lentement ; il n'a acquis toute sa croissance qu'à l'âge de six ou sept ans ; il est alors élevé d'environ quatre à cinq pieds, quelquefois davantage.

1° *Culture et récolte du thé.*

Voici comment on cultive le thé au Japon. Les habitans de ce pays ne destinent point à cette culture des champs et des jardins entiers, mais ils font venir cet arbrisseau autour des haies et des bords de leurs champs, sans avoir égard à la qualité du sol : les graines sont semées avec leurs capsules. On creuse, de distance en distance, des trous de quatre à cinq pouces de profondeur, dans chacun desquels on en met six au moins, et douze au plus : ce nombre est nécessaire, parce que ces graines deviennent rares en peu de temps ; il n'en germe souvent qu'une sur quatre ou cinq. À mesure que le jeune arbuste s'élève, quelques cultivateurs engraissent le sol ; ils y mettent tous les ans de la fiente humaine, mêlée de terre, ce que d'autres négligent de faire. Cependant le terroir doit être au moins fumé quand l'arbrisseau approche de trois ans, et avant que les feuilles soient propres à être cueillies ; car à cet âge il les porte bonnes, et il en a une grande quantité. À six ou sept ans le thé a la hauteur d'un homme ; mais comme alors il commence à donner moins de feuilles, on est dans l'usage de rajeunir les pieds ; on coupe à cet effet le tronc, et l'année suivante il sort de la tige une quantité de rejetons et de jeunes branches, qui fournissent une ample récolte. Quelques personnes retardent

cette coupe , et laissent croître l'arbrisseau
pendant dix ans.

Lorsque le temps de cueillir les feuilles
est arrivé , ceux qui ont un grand nombre
de pieds de thé louent des ouvriers à la
journée, exercés à cette récolte ; car les feuilles ne doivent pas être arrachées en touffes ,
mais détachées une à une avec soin : un
homme peut en ramasser dix à douze livres
par jour. Plus on tarde, et plus la récolte
est forte ; mais on n'obtient la quantité qu'aux
dépens de la qualité , parce que le meilleur
thé se fait avec les plus petites feuilles et
les plus jeunes ; cependant on ne les cueille
pas toutes à la fois , mais on en fait communément trois récoltes, à trois époques différentes. La première a lieu à la fin de février ou au commencement de mars ; l'arbrisseau ne porte alors que peu de feuilles,
à peine développées , et n'ayant guère plus
de deux ou trois jours de crûe ; elles sont
petites, tendres, gluantes, et réputées les meilleures de toutes ; aussi les réserve-t-on pour
l'empereur et les grands de sa cour ; elles
portent , par cette raison , le nom de *thé impérial* : on les appelle aussi quelquefois *la
fleur du thé;* c'est sans doute cette dernière
dénomination qui a donné lieu à l'erreur de
quelques auteurs , qui prétendent que les
fleurs de cet arbrisseau sont ramassées par
les Japonais, et qu'ils s'en servent de la même
manière que des feuilles. Kœmpfer, qui s'est
exactement informé de cela dans le pays ,

assure le contraire. « Les fleurs du thé, dit-il, piquent vivement la langue; elles ne peuvent être prises ni en infusion ni autrement. »

La seconde récolte, qui est la première pour ceux qui n'en font que deux par an, commence à la fin de mars ou dans les premiers jours d'avril. Les feuilles alors sont beaucoup plus grandes, et n'ont pas perdu de leur saveur. Quelques-unes sont parvenues à leur perfection, d'autres ne sont qu'à moitié venues : on les cueille indifféremment; mais dans la suite, avant de leur donner la préparation ordinaire, on les range dans diverses classes, selon leur grandeur et leur bonté. Les feuilles de cette récolte, qui n'ont pas encore toute leur crûe, approchent, pour la qualité, de celles de la première, et on les vend sur le même pied; c'est par cette raison qu'on les trie avec soin, et qu'on les sépare des plus grandes et des plus grossières.

Enfin, la troisième récolte, qui est la dernière et la plus abondante, se fait un mois après la seconde, et lorsque les feuilles ont acquis toutes leurs dimensions et leur épaisseur. Quelques personnes négligent les deux premières, et s'en tiennent uniquement à celle-ci. Les feuilles qu'elle fournit sont pareillement triées : on en compte trois classes, que les Japonais appellent *itzban*, *niban* et *sauban*, c'est-à-dire la première, la seconde et la troisième; celle-ci comprend les feuilles les plus grossières, qui ont deux mois entiers de crûe, et qui composent le thé que le petit peuple boit ordinairement.

Les feuilles des jeunes arbrisseaux sont meilleures que celles des vieux ; elles varient aussi suivant les provinces dont le sol leur communique plus ou moins de goût ou de parfum. Kœmpfer prétend que le thé-bou des Chinois, c'est-à-dire le véritable et le bon, qui est rare et cher dans le pays même , correspond pour la qualité et le prix au thé impérial des Japonais ; il se compose comme celui-ci des plus jeunes feuilles, qu'on cueille les premières : ainsi, dans l'un et l'autre empire, c'est particulièrement sur l'âge des feuilles qu'est établie la distinction des trois principales sortes de thé. Celui de première qualité, après avoir été préparé, est appelé au Japon *ficki tsjaa*, c'est-à-dire thé moulu , parce qu'il est réduit en poudre que l'on hume dans de l'eau chaude ; on les nomme aussi *udsi tsjaa* et *tacke sacki tsjaa*, du nom de quelques endroits particuliers où il croît. On le regarde comme supérieur aux autres, à cause de la bonté du sol de ces lieux , et parce que les feuilles sont toujours cueillies sur des arbrisseaux de trois ans. Le thé de seconde qualité s'appelle *tootsjaa*, c'est-à-dire thé chinois, parce qu'on le prépare à la manière de ce peuple. Ceux qui tiennent des cabarets à thé , ou qui le vendent en feuilles, subdivisent cette classe en quatre autres, qui diffèrent en bonté ou en prix ; et c'est à la troisième de ces quatre classes

qu'appartient la plus grande quantité du
thé qui est apporté en Europe. On doit observer que les feuilles, pendant tout le temps
qu'elles restent attachées à l'arbrisseau, sont
sujettes à des changemens prompts et fréquens relativement à leur grandeur et à leur
bonté, de sorte que si on néglige le temps
propre à les cueillir, elles peuvent, dans une
seule nuit, perdre beaucoup de leur qualité. La troisième principale sorte de thé se
nomme *bautsjaa*; elle est composée de feuilles de la dernière récolte, qui sont devenues
trop fortes et trop grossières pour être préparées à la manière des Chinois, c'est-à-
dire séchées sur des poêles et fricassées :
ces feuilles sont destinées à l'usage du vulgaire, aux artisans et paysans qui les préparent, n'importe de quelle manière ; elles
conservent les vertus de la plante plus long-
temps que les feuilles des classes précédentes ; celles-ci ne pourroient rester quelque
temps exposées à l'air sans perdre une partie
de leurs principes volatils.

Le thé qu'on regarde au Japon comme le
meilleur se récolte aux environs d'Udsi,
petite ville située entre le voisinage de la
mer et Méaco, lieu de la résidence de l'empereur ecclésiastique. Le climat de ce canton
semble plus propre qu'aucun autre à la culture de l'arbrisseau du thé ; tout celui dont
on fait usage à la cour de l'empereur et
dans la famille impériale, est cueilli sur une
montagne proche de cette ville, et qui porte

le même nom. Le principal pourvoyeur de la cour pour le thé a une inspection directe sur ce lieu ; il y envoie ses commis pour veiller à la culture de l'arbrisseau, à la récolte et à la préparation des feuilles. Cette montagne est entourée d'un fossé profond pour empêcher les hommes et les bêtes d'y entrer. Les arbrisseaux sont plantés en allées qu'on balaie et qu'on nettoie chaque jour. Deux ou trois semaines avant le moment de la récolte, les ouvriers chargés de la faire doivent s'abstenir de manger du poisson et de certaines viandes, afin que leur haleine ne puisse porter aucun préjudice aux feuilles. Tant que la récolte dure, ils doivent se laver deux ou trois fois par jour dans un bain chaud ou dans une rivière ; on ne leur permet pas même de toucher les feuilles avec les mains nues, ils sont obligés de les cueillir avec des gants. Les feuilles, étant ramassées et préparées comme il sera dit tout-à-l'heure, sont mises dans des sacs de papier, et ces sacs dans des pots de terre ou de porcelaine, qu'on achève de remplir avec du thé commun. Le tout est bien empaqueté, et envoyé à la cour sous bonne et sûre escorte.

2° *Préparation et conservation des feuilles de thé.*

Il y a à la Chine et au Japon plusieurs manières de préparer les feuilles de thé. Voici la préparation qu'elles reçoivent communément : Aussitôt qu'elles sont cueillies, on les fait sécher ou rôtir sur le feu dans une platine de fer ; et lorsqu'elles sont chaudes on les roule avec la paume de la main sur une natte, jusqu'à ce qu'elles deviennent comme fricassées : par cette opération, elles sont dépouillées de leur eau surabondante, et rendues plus propres à l'usage des hommes ; elles tiennent moins de volume, et sont plus aisées à conserver. Il y a des maisons publiques destinées à cette préparation du thé ; on les nomme *tsiasi;* chacun peut y porter ses feuilles pour les faire rôtir. Il est essentiel qu'elles soient torréfiées le même jour qu'on les cueille ; si on les gardoit seulement une nuit, elles noirciroient et perdroient beaucoup de leur vertu. On a soin de n'en pas mettre trop ensemble en les cueillant, et de ne pas les laisser en monceau et trop long-temps les unes sur les autres, de peur qu'elles ne s'échauffent. Le rôtisseur en jette à la fois quelques livres sur une platine, sous laquelle est un feu modéré. Pour les torréfier également, il les remue sans cesse avec les deux mains ; et dès qu'elles sont devenues si chaudes qu'il a de la peine à les manier plus long-temps, il les retire avec une espèce de pelle élargie en forme d'éventail, et il les répand sur la natte pour y être roulées. Ceux qui sont chargés de les rouler en mettent chacun une légère poignée devant eux pendant qu'elles sont chaudes, et les roulent promptement avec les paumes de leurs deux mains, et de la même

manière, afin qu'elles soient également frisées. Dans cette opération, il suinte des pores
des feuilles un jus jaune et verdâtre, qui
est fort âpre, et qui brûle les mains jusqu'à
un degré presque insupportable : malgré cette
douleur, on continue à les rouler jusqu'à
ce qu'elles soient refroidies, et on fait du
vent sur elles pour hâter leur refroidissement.

Dès que les feuilles sont froides, on les
donne au rôtisseur, qui est le principal directeur de l'ouvrage, et qui, en attendant,
en rôtit d'autres. Il les remet sur la platine,
et les rôtit une seconde fois, jusqu'à ce qu'elles
aient perdu tout leur jus. Dans le second apprêt, il ne les remue pas vite et à la hâte,
comme dans le premier, mais lentement et
avec attention, de peur d'en gâter la frisure,
ce qui arrive pourtant en partie, plusieurs
feuilles s'ouvrant et se déployant malgré tous
ses soins. Après qu'il les a ainsi torréfiées une
seconde fois, il les donne encore à rouler de
nouveau. Si elles se trouvent alors entièrement sèches, on les met à part pour l'usage,
sinon on les rôtit une troisième fois. Dans le
cours de cette manipulation, on doit diminuer insensiblement la force du feu ; si on
négligeoit cette précaution, les feuilles seroient infailliblement brûlées et deviendroient
noires ; au lieu qu'en graduant la chaleur
on leur conserve une couleur verte, agréable et vive ; pour cela, on lave aussi la platine
à chaque apprêt et avec de l'eau chaude
pour en chasser le suc sorti des feuilles déjà

rôties, lesquelles s'y attachent, et pourroient gâter et salir celles qu'on y remet. Il y a des gens délicats et maladroits qui répètent l'action de rôtir et de rouler jusqu'à cinq fois, même jusqu'à sept, si le temps ne leur manque pas.

Les feuilles ayant été rôties et fricassées, on les jette sur le plancher, qui est couvert d'une natte, et on fait le triage, selon leur grandeur et leur bonté. Celles du thé *ficki* doivent être rôties à un plus grand degré de sécheresse, pour être ainsi moulues et réduites en poudre plus aisément.

Quelquefois les feuilles de thé, fort jeunes et fort tendres, sont mises dans l'eau chaude, ensuite sur du papier gris, puis séchées sur les charbons, sans être roulées du tout, à cause de leur extrême petitesse. Les gens de la campagne ont une méthode plus sûre, et y font moins de façon ; ils torréfient leurs feuilles dans des vases de terre sans beaucoup de précaution ; leur thé n'en est pas pour cela plus mauvais, et comme il leur coûte moins de frais et de peines, ils peuvent le vendre à meilleur marché ; ils le conservent dans des barils de paille, qu'ils suspendent aux lambris de leurs maisons.

Le thé, après avoir été gardé pendant quelques mois, doit être tiré des vases où on le tient, et torréfié encore sur un feu très-doux, afin qu'il puisse perdre entièrement toute l'humidité qu'il peut contenir, soit qu'il l'ait retenue après la première préparation, ou qu'il l'ait attirée pendant la saison pluvieuse : après cela, il devient enfin marchand, et peut être conservé fort long-temps sans se gâter ; mais on doit le garantir avec soin de l'air, car l'air, surtout quand il est chaud, en dissipe les parties volatiles, qui sont extrêmement subtiles. Kœmpfer croit que celui qui nous est apporté en est privé en grande partie, car il n'a jamais pu, dit-il, trouver ce goût agréable et cette vertu modérément rafraîchissante , qu'il a à un degré éminent dans le pays où il croît. Les Chinois le mettent dans des boîtes d'étain grossier ; et quand ces boîtes sont fort grandes , elles sont enfermées dans des étuis de sapin, dont on bouche soigneusement les fentes avec du papier en dehors et en dedans : il est envoyé de cette manière dans les pays étrangers.

Selon Macartney, en Chine on entasse le thé et on le foule aux pieds dans de grandes caisses de bois doublées de lames de plomb.

On parfume le thé, dit M. Desfontaines (Mémoires sur le thé, insérés dans les Annales du Muséum), avec les fleurs d'une espèce d'armoise, avec celles de l'olivier odorant, du camélie sérangua , du jasmin d'Arabie , du curcuma ou safran des Indes, etc.

Quelques auteurs, dit-il, ont avancé qu'on torréfioit le thé sur des plaques de cuivre , et que sa couleur étoit due particulièrement au vert-de-gris ; mais Kœmpfer assure positivement qu'on le torréfie sur des plaques de fer ; Macartney et Lettsom l'assurent aussi.

Les Japonais tiennent leur provision de thé commun dans de grands pots de terre dont l'ouverture est étroite ; la meilleure espèce de thé, c'est-à-dire celle dont l'empereur et les grands de l'empire font usage, est conservée dans des pots ou vases de porcelaine, et particulièrement dans ceux qu'on appelle *mantstubo*, remarquables à cause de leur antiquité et de leur grand prix.

L'usage de cette boisson en Chine remonte à la plus haute antiquité ; il est général, et répandu dans toutes les classes du peuple ; ce qui prouve assez sans doute que le thé n'a point de qualité nuisible, lorsqu'il est récolté et préparé convenablement.

Ce sont les Hollandais (Mémoires de M. Desfontaines, cités plus haut) qui les premiers ont introduit le thé en Europe. En 1641, Tulpicis, médecin célèbre, et consul d'Amsterdam, en loua les bonnes qualités ; on assure même qu'il le fit d'après l'invitation de la compagnie hollandaise des Indes, et qu'elle le récompensa en lui donnant une somme d'argent considérable en 1667 ; Jonquet, médecin français, en fit pareillement l'éloge. En 1678, Bontekœ, médecin de l'électeur de Brandebourg, qui jouissoit d'une grande réputation, en loua aussi beaucoup les vertus, dans une dissertation qu'il publia sur le café, le thé et le chocolat. Cet écrit eut du succès, et ne contribua pas peu à en répandre l'usage, et avant la fin du dix-septième siècle la consommation en devint très-considé-

rable. Depuis ce temps elle a encore beaucoup augmenté.

Quand le thé est trop vieux, et tel qu'il
ne vaut plus rien à boire, on s'en sert en
Asie, dit Kœmpfer, pour teindre les étoffes
de soie, auxquelles il donne une couleur
brune ou de châtaigne : c'est pour cette
raison qu'on envoie une grande quantité de
ses feuilles, chaque année, de la Chine à
Surate.

Il nous vient en outre de Chine une sorte
de thé roulé en boules de diverses grosseurs,
dont les feuilles sont réunies par une substance glutineuse qui n'en altère pas la qualité. Il existe aussi des boules d'un thé mé-
dicinal, composées de feuilles imbibées d'une
décoction de rhubarbe ; enfin, on en connoît encore plusieurs autres variétés.

De l'indigo.

Inde, indicum, nom que l'on donne à une
fécule ou à un suc épaissi, bleu, ou de couleur d'azur foncé, et qu'on nous apporte en
masse ou en pâte sèche des Indes occidentales. Cette pâte féculente, colorante et solide, est tirée des feuilles de la plante nommée *anillo* par les Espagnols, laquelle croît
au Brésil ; on la cultive aussi dans nos îles.

Indigo. C'est une fécule bleue, tirée aussi
de l'anil, et qui ne diffère de l'*inde*, dont
il est parlé ci-dessus, qu'en ce qu'il a été
extrait de l'écorce des branches, de la tige

et des feuilles de la plante indigofère, au lieu qu'on n'a employé que les feuilles pour tirer l'*inde*. Les marchands distinguent plusieurs espèces d'indigo ; le meilleur et le plus estimé est celui qu'on appelle indigo Guatimalo, du nom de Guatimala, ville des Indes occidentales, où on le prépare.

La plante indigofère exige une bonne qualité de terre et beaucoup d'attention de la part du cultivateur. Le terrain doit être plat, uni, humide ou frais et gras ; l'indigo se sème ordinairement en temps humide, dans des trous alignés à un pied de distance, auxquels on donne trois pouces de profondeur ; les nègres semeurs mettent dix à douze grains dans chaque trou, qu'ils recouvrent de terre avec leurs pieds, mais légèrement : on voit ordinairement sortir de terre la plante quatre à cinq jours après.

Il faut avoir soin de sarcler les mauvaises herbes ; au bout de deux et quelquefois de trois mois, l'espèce d'anil franc est arrivée à son dernier période d'accroissement ; il est mûr, et susceptible d'être coupé, ce qui se connoît par la facilité que les feuilles ont à se casser, et par leur couleur vive foncée ; on coupe l'indigofère à deux ou trois pieds de hauteur, et par un temps humide. La plante peut durer deux ans (elle est annuelle en Europe) ; on la coupe avec des couteaux recourbés en forme de faucille, et on met ce qui a été coupé dans de grands morceaux de toile, dont on noue ou amarre les quatre

coins, pour le porter aussitôt à la manufacture, c'est-à-dire à l'indigoterie; car il
faut éviter qu'elle s'échauffe mise en tas. Il
y en a qui font deux coupes : la première se
fait dans des jours favorables, à deux pouces
au-dessus de terre; le pied de la tige pousse
de nouveaux rejetons, que l'on recoupe six
semaines après. Il y en a même qui font
encore une troisième coupe au bout de six
autres semaines, et, pour cela, il faut que
les pluies ne manquent pas. L'indigofère,
coupé avant sa maturité, donne une plus
belle couleur, mais il rend beaucoup moins;
s'il est coupé trop tard, on perd encore
plus, et on a un indigo de mauvaise qualité.

Il faut, pour fabriquer l'indigo, avoir trois
cuves près d'un réservoir d'eau, disposées
les unes près des autres, à des hauteurs différentes et placées de telle sorte que la première puisse se vider par le fond dans la
seconde, et celle-ci dans la troisième : la
première s'appelle trempoire; la seconde,
batterie; la troisième, diablotin : c'est celle
où le produit des deux autres se rassied,
et dans laquelle l'indigo s'achève. Cette opération se réduit à macérer promptement la
plante dans la première cuve remplie d'eau,
où elle fermente rapidement, à décanter
l'eau devenue bleue dans la seconde cuve,
et à agiter ou battre l'eau à force de manivelle, jusqu'à ce que la partie colorante
et divisée s'agglomère en petits grains;
l'adresse de l'indigotier consiste à saisir

l'instant convenable de la fermentation spiritueuse, à éviter qu'elle ne passe à l'alkalescence, par conséquent à la putridité : ainsi l'action de battre dans la cuve l'indigo, interrompt, par ses mouvemens irréguliers, la fermentation. Pour cet effet, pendant que les nègres battent, l'indigotier tire de l'eau de la batterie dans une tasse de cristal, et il examine si la fécule se précipite, ou si elle est encore errante ; dans le premier cas, il faut cesser de battre ; dans l'autre, il faut continuer. L'opération étant faite, l'eau s'éclaircit, la fécule se précipite, on lâche l'eau, et la fécule ou matière boueuse tombe dans la troisième cuve, où elle se rassied. Dans cet état on la prend avec une cuillère, et on emplit des chausses ou sacs de toile, de figure conique, de quinze à vingt pouces ; on vide alors ces chausses dans des caissons carrés ou oblongs, d'environ deux à trois pouces de profondeur : on fait sécher l'indigo à l'air, mais à l'ombre. Enfin on le coupe en petits pains carrés, etc., pour l'envoyer en France.

De l'ananas.

La composition de la terre la plus propre à la culture des ananas a été long-temps un objet de controverse parmi les jardiniers : on mettoit à sa nature une importance exagérée. Aujourd'hui une expérience raisonnée a appris qu'il suffisoit qu'elle fût substantielle et

de médiocre consistance , c'est-à-dire qu'il
étoit inutile d'y insérer dix espèces d'ingrédiens : celle dans laquelle il entre deux
parties de bonne terre franche, une partie
de terre de bruyère et une partie de terreau, paroît être la plus convenable , sauf
à augmenter la proportion du terreau, si
la terre franche ne paroît pas assez grasse.
M. Thouin observe que la bonne terre franche, mêlée d'un peu de sable, remplit mieux
son objet que la composition la plus com-
pliquée, et qu'il est bon de diminuer la proportion du sable à mesure que les pieds
vieillissent.

« Lorsqu'on veut planter des couronnes
d'ananas, dit M. Thouin, il ne faut pas
les couper, mais seulement les détacher des
fruits : » ce qui se fait fort aisément en les
tordant ; ensuite on enlève cinq à six rangs
des feuilles de la base, pour leur former
une espèce de pied, et on les laisse se faner
dans un lieu ombragé , pendant quelques
jours. Les œilletons, qu'on arrache du bas
des tiges, se préparent de la même manière.

On plante les couronnes et les œilletons
dans des pots de cinq à six pouces de diamètre sur environ autant de profondeur ;
on place ensuite ces pots sur une couche
neuve , couverte d'un châssis ou dans une
serre. On les ombrage pendant les deux ou
trois premières semaines, et on ne les arrose
que quand on s'aperçoit qu'ils commencent
à pousser, parce que la pourriture est fort

à craindre pendant ce premier temps. Cette plantation peut se faire pendant toute l'année ; cependant il vaut mieux l'exécuter au mois de mars ou au mois de septembre, et on le peut toujours, les couronnes se conservant six mois hors de terre sans inconvénient lorsqu'elles sont suspendues dans un appartement sec et aéré.

Six mois après que les ananas ont été plantés il faut les ôter de leurs pots, pour les mettre, avec de la nouvelle terre, dans de plus grands ; dans cette opération on enlève l'extrémité des racines, surtout celles qui sont contournées. Quelques jardiniers les coupent même toutes, et l'ananas ne paroît pas en souffrir ; mais cela paroît trop contre nature pour être approuvé. D'autres, au contraire, mettent les pieds, avec toute leur terre et leurs racines, dans les nouveaux pots : il est évident qu'ils ont tort, surtout lorsque l'inconvénient des racines contournées existe, parce que ces pieds auront moins de terre neuve, et se nourriront par conséquent plus foiblement.

La troisième transplantation s'exécute dans le mois de juillet : elle ne doit avoir lieu que pour les individus vigoureux, dont les racines percent par le trou du fond du pot : les pots dans lesquels elle se fait doivent avoir huit à neuf pouces de diamètre.

Enfin, le quatrième et dernier rempotage s'exécute au mois d'avril de l'année suivante, dans des pots de dix à douze pouces, et dans de la terre un peu plus forte que les précédentes. On doit leur ménager les racines le plus possible, c'est-à-dire ne couper que celles qui sont le plus contournées, et celles qui ont traversé le pot. Après cette opération il ne faut plus toucher au pied, à moins de circonstances extraordinaires, parce que, devant fleurir au commencement de la troisième année, ce seroit nuire au but de leur culture que de le faire.

La chaleur à donner aux ananas, pendant toute la durée de leur existence, dépend de leur âge et de leur état de vigueur.

La première année, une chaleur moyenne de huit degrés, pendant l'hiver et pendant la nuit, suffit pour les faire prospérer. Lorsque la présence du soleil fait, dans cette saison, monter le thermomètre à vingt ou vingt-cinq degrés, ce qui est rare, il faut en profiter pour renouveler l'air des serres et arroser.

A mesure qu'on avance dans le printemps on doit augmenter graduellement la chaleur, par le moyen du feu, et la porter jusqu'à douze degrés, afin d'exciter la végétation et préparer les ananas, par gradation, à supporter, sans être incommodés, les chaleurs de l'été.

Pendant cette dernière saison la chaleur peut être portée jusqu'à dix-huit ou vingt degrés ; mais il est essentiel qu'elle ne passe pas ce terme, parce que les jeunes plants pousseroient trop vite et ne produiroient que des fruits avortés. On doit donc leur donner de l'air toutes les fois que la température s'approche de ce terme, et les bassiner souvent : on les garantit d'une chaleur plus considérable en les abritant des rayons du soleil.

La chaleur doit diminuer en automne, daus la même proportion qu'elle avoit augmenté au printemps.

A leur seconde année, la chaleur moyenne des ananas doit être constamment tenue plus élevée, c'est-à-dire être de dix degrés au milieu de l'hiver, de quinze degrés au milieu du printemps et de l'automne, et de vingt-cinq degrés au milieu de l'été.

La troisième année, on ne risque rien d'augmenter progressivement la chaleur, et de la porter, pendant la fructification, au plus haut point d'élévation où elle puisse arriver dans notre climat par les moyens naturels et artificiels. On ne connoît pas le terme au-delà duquel ces plantes en seroient affectées, lorsqu'on la leur procure par degrés, et qu'on y proportionne les arrosemens; mais on sait qu'elles supportent sans peine quarante et même quarante-cinq degrés, et qu'au contraire elles poussent avec plus de vigueur. Il est cependant un point où il est bon de s'arrêter, et ce point peut être trente-six degrés.

C'est le thermomètre de Réaumur qu'on emploie en France, pour mesurer le degré de chaleur des serres à ananas, ainsi que de toutes les autres.

On se procure des ananas en maturité pendant toute l'année, en graduant la chaleur de chacune des baches dans lesquelles ils sont placés, ou en mettant dans la même des pieds à différens degrés d'avancement.

Les ananas craignent l'humidité avec excès; souvent, pendant l'hiver, on en perd de grandes quantités, quelque soin qu'on prenne, soit parce que le soleil reste long-temps caché, soit parce qu'il est impossible de leur donner de l'air à cause du froid, ou à cause des brouillards. On ne peut donc trop leur ménager les arrosemens à cette époque de l'année : au printemps et en automne il faut leur donner des bassinages fréquens, mais peu abondans. Ce n'est que dans les grandes chaleurs de l'été qu'il convient de leur distribuer de l'eau en plus grande abondance, mais cependant encore sans excès. Une attention à avoir, c'est de ne verser l'eau qu'avec un arrosoir à goulot, et sur le collet de la racine, parce que la disposition des feuilles fait qu'elle se conserve dans leur intervalle et pourrit le cœur, si on la verse dessus. Lorsque les feuilles ont besoin d'être lavées, on le fait avec une éponge.

Quand l'ananas est en pleine végétation, il transpire avec excès; et comme sa culture exige des serres basses où l'air se corrompt bientôt, il faut le renouveler souvent, si on veut avoir des plantes vigoureuses et de beaux fruits : cela regarde principalement les jeunes plants et les pieds dont les fruits approchent de leur maturité. C'est en levant les châssis, lorsque le temps le permet, qu'on remplit ce but.

Les couches à ananas ne diffèrent des couches ordinaires qu'en ce qu'elles sont plus fortes (plus épaisses et plus larges), à raison du long temps qu'elles doivent servir. On les établit sur un lit de pierrailles, recouvert de fagots, tant pour faciliter l'écoulement des eaux, que pour interrompre la communication avec la terre froide. On les fait, ou de fumier de cheval seul, ou de fumier de cheval mêlé avec du fumier de vache, ou de fumier de tan. Les couches de tan pur se pratiquent ordinairement pour l'hiver, à raison de leur plus longue durée; quelquefois on mêle à ce dernier de la sciure de bois pour le sécher plus vîte. On n'y place les pots, garnis d'ananas, que lorsque la chaleur est tombée au-dessous de quarante degrés, les plus gros sur le derrière, et les plus petits sur le devant, de manière que le tout fasse un amphithéâtre en face du soleil.

Lorsque les couches se refroidissent, au milieu de l'été ou au milieu de l'hiver, on les réchauffe, soit en labourant le tan qui les recouvre, ou les fouillant à une plus ou moins grande profondeur, soit en les recouvrant de tan neuf, dans une plus ou moins grande épaisseur.

C'est ordinairement en mars qu'on fait les couches d'été sous les bâches; en octobre, les couches d'hiver dans les serres.

Moins sont grandes les serres et les baches
à ananas, et plus leurs vitraux doivent être
inclinés et rapprochés des couches. Leur con-
struction diffère un peu de celle employée
pour les plantes ordinaires. Quant aux châssis, ils sont les mêmes ; les derniers ne servent que pour faire reprendre les couronnes
et les œilletons.

Un insecte du genre des cochenilles vit
sur l'ananas, en suce la sève, et cause beaucoup de dommage aux cultivateurs négligens,
par son énorme multiplication ; on ne parvient à le détruire qu'en l'écrasant avec un
pinceau ou brosse rude, en le mouillant
avec une forte décoction de tabac ou une
foible lessive de potasse ; c'est pendant l'été
qu'il acquiert toute sa grosseur, et que ses
ravages sont plus sensibles. Le plus souvent
il empêche les pieds de porter du fruit, ou
au moins retarde d'un an la production de
ce fruit : rarement il fait mourir les pieds.

On reconnoît la maturité de l'ananas à
son odeur plus qu'à sa couleur. Pour le manger dans toute sa bonté, il faut, après sa
cueille, le suspendre pendant quelques jours
dans une serre ou autre lieu sec et chaud,
parce qu'il y perd la surabondance de son
eau de végétation, et que son acide mali-
que se transforme en acide succharin.

CHAPITRE XVII.

Les étangs.

Quoiqu'une humidité permanente soit une cause de maladie, et que de vastes étangs ou des étangs très-rapprochés la produisent, ce n'est pas spécialement à elle qu'on doit attribuer les maladies épidémiques aux pays d'étangs ; c'est aux miasmes délétères, à l'hydrogène sulfuré qui émanent des vases qui les entourent. Or, il est de fait que les plantes en général décomposent ces miasmes, chassent cet hydrogène sulfuré, par le moyen des flots d'oxygène qu'elles transpirent pendant le jour. Donc, on entoure les étangs de plantations d'arbres et d'arbustes, et surtout de certains arbres et arbustes, parce qu'il a été reconnu que l'aulne et le galé améliorent beaucoup plus l'air des marais que les autres.

Partout on peut donc établir sans danger des étangs, en prenant les précautions convenables ; mais il ne faut pas moins éviter de les multiplier dans le même canton, et les éloigner des habitations. La loi qui, sous le régime de la terreur, les avoit proscrits indistinctement, étoit attentatoire à la propriété.

Quoiqu'on soit dans l'habitude de regarder les étangs comme principalement destinés à nourrir du poisson, cependant la plupart, c'est-à-dire presque tous ceux qui sont dans les vallées, dont les eaux ont un écoulement rapide, ont des objets d'utilité d'un ordre encore plus important. Les uns alimentent les irrigations, si nécessaires en certains pays pour assurer le produit des récoltes; d'autres font tourner les moulins avec lesquels les cultivateurs transforment leurs grains en farine, les roues qui servent à mouvoir les soufflets et les marteaux des forges, les pilons des bocards, des foulons, etc., etc.; d'autres enfin sont le réservoir des eaux fournies par les pluies d'hiver, et servent pendant l'été à la boisson des hommes et des animaux de certains cantons, qui manquent de sources en cette saison.

Une précaution de première importance, quand on veut construire un étang, c'est de s'assurer jusqu'à quel point le sol retient l'eau. L'inspection du local, après la pluie, combinée avec l'examen de la nature de la couche inférieure, est le plus sûr moyen; un banc d'argile donne les plus grandes probabilités; mais cependant il arrive quelquefois qu'il offre des solutions de continuité. On s'en assure par des sondes; il faut observer cependant que l'expérience, et l'expérience de plusieurs années, peut seule donner une entière certitude.

Les eaux des étangs sont, comme je l'ai dit plus haut, ou fournies par des sources, ou par les pluies; dans l'un et l'autre cas, le grand point est de s'assurer, avant d'en-

treprendre d'en construire un, si elles suffiront, pendant les grandes sécheresses, à la
conservation du poisson.

Lorsqu'on veut établir un étang alimenté
par des sources, il faut donc évaluer d'un
côté combien d'eau ces sources lui fourniront par an, en calculant leur masse et leur
vitesse à quatre époques différentes, c'est-
à-dire, par exemple, aux équinoxes et aux
solstices ; et ensuite chercher combien il s'en
évapore, année commune, d'une telle surface.

Il convient de reconnoître, par des nivel-
lemens, quelle étendue de terrain sera couverte d'eau, la chaussée ayant telle hauteur, ou de savoir quelle sera la hauteur de
la chaussée, pour que l'eau couvre telle étendue de terrain, supposant qu'elle n'est pas
dans le cas de couvrir des propriétés voisines, ou seulement de leur nuire par suite
de son infiltration ; car cela donneroit lieu
à des procès dont les résultats pourroient
être fort onéreux. Il faut aussi s'assurer si
on a une pente suffisante pour donner aux
eaux un écoulement facile de la mise à sec
de l'étang, cet écoulement devant toujours
partir d'un point plus bas que la surface
du sol.

Enfin, ces premières observations en sup-
posent d'autres, telles que de savoir si le poisson s'y plaît, y sera bon, se vendra bien ;
s'il sera ou non avantageux de tirer parti
du local, alternativement en nature d'étang
et en nature de terre à blé, ou de prairie.

La chaussée est la partie sur laquelle repose le succès de l'entreprise ; on ne peut trop y mettre de soin : en la construisant, il ne faut pas regarder à la dépense.

Lorsqu'on a arrêté la place, la direction et la hauteur de la chaussée, il faut faire un fossé plus large qu'elle, qu'on approfondira jusqu'à ce qu'on rencontre le banc solide d'argile ; puis, dans l'endroit le plus bas, c'est-à-dire où se rendent les eaux actuelles, on bâtira la porte de l'écluse, si on veut faire sortir l'eau au moyen d'une pale ou d'une vanne ; ou on creusera un fossé de douze à quinze pieds de long et de même profondeur, mais qui n'aura que six pieds de large, si on préfère faire servir une bonde à la sortie de l'eau.

Par une écluse, ou une pale, ou une vanne, elle sort horizontalement.

Par une bonde, l'eau sort perpendiculairement, et tombe sous une voûte.

La bonde a l'avantage d'une moins grande perte d'eau et d'une plus grande solidité ; c'est ce qui fait qu'on la préfère partout où cela est possible ; mais pour en établir une, il faut une chute au moins de quatre pieds, et on ne la trouve pas partout.

Une haie de toutes les variétés d'arbres et d'arbustes qui ne craignent pas l'eau sera utilement plantée sur la berge de ce fossé, ainsi qu'une ligne de peupliers, de saules, de frênes, etc., étêtés ou non ; mais il ne faut jamais souffrir le plus petit buisson sur la chaussée, à cause des trous, qui peuvent résulter de la pourriture de leurs racines. Si on a à craindre les émanations délétères de l'étang, on plantera, comme je l'ai indiqué plus haut, une ceinture de bois plus ou moins large, en dehors du fossé.

Il est cependant nécessaire que l'eau de l'étang ne soit pas partout profonde sur ses bords, car cela nuiroit beaucoup à la reproduction du poisson, et à la multiplication des plantes et des insectes aquatiques qui servent à sa nourriture. Il faut qu'au moins sa partie supérieure aille en pente douce, de manière qu'il y ait tous les degrés de profondeur.

Comme les eaux pluviales amènent continuellement dans les étangs les dépouilles des montagnes voisines, et qu'il est à désirer qu'ils conservent toujours la même profondeur, les propriétaires éclairés creusent un petit étang à l'affluve des ruisseaux qui l'alimentent, afin d'arrêter ces dépouilles : tous les ans, tous les deux ans ou tous les trois ans, selon les localités, on cure ces petits étangs, et la terre qu'on en tire est portée sur les terres arabes qu'elles améliorent.

C'est en automne qu'on doit fermer les étangs, afin de profiter de la surabondance des eaux de l'hiver et du printemps pour les remplir. Cependant, on peut le faire en toute saison, dans certaines localités.

Il arrive souvent que, quelque bien faite que soit une chaussée, il s'y trouve des trous par lesquels l'eau s'infiltre ; la première chose à faire est de les fermer, non pas seulement avec un simple tampon d'argile, mais en ouvrant des tranchées plus ou moins profondes, et en les remplissant ensuite de cette terre bien choisie et bien corroyée. Il en est de même des issues que peut se faire l'eau à travers les terres du fond même de l'étang, issues qui ont souvent pour cause un trou de taupe, de campagnol, des racines d'arbre pourries, etc.

Ordinairement on empoissonne les étangs au printemps, parce que c'est l'époque où on les pêche.

On empoissonne les étangs ou avec des petits poissons d'un, deux, et même quelquefois trois ans, ou avec des pères et mères de plus de trois ans.

Dans le premier cas, l'empoissonnement au printemps est sans inconvénient ; dans le second, il retarde la production d'une année, parce que les pères et mères ont jeté leur frai, c'est-à-dire ont pondu.

On appelle feuilles, alvin, menuisaille ou frétin, les petits poissons de toute espèce qu'on emploie à repeupler les étangs. Le mot *feuille* paroît cependant s'appliquer plus communément aux individus d'un an, et le mot *frétin* à ceux qui appartiennent à des espèces de petite stature, et qui ont peu de valeur.

On calcule ordinairement sur un millier d'alvins, ou sur vingt-cinq pères et mères,

pour empoissonner chaque arpent d'un étang,
quelque grand qu'il soit. Cependant, d'un
côté, le nombre d'individus qui peuvent être
placés dans une quantité quelconque d'eau
doit être proportionné à la nourriture qu'ils
y trouveront ; de l'autre, la nature des espèces, et surtout la quantité de celles qui sont
voraces, doit y puissamment influer. J'a-
jouterai, pour l'éclaircissement de la première
de ces considérations, que les eaux pures,
celles qui sortent immédiatement de la terre,
et reposent dans l'étang, sur l'argile ou le
sable, fournissent beaucoup moins d'insectes
et de plantes que celles qui ont longuement
coulé, et qui s'arrêtent sur un sol vaseux.

On transporte le poisson dans des tonneaux, sur des charrettes, ou mieux dans
des demi-tonneaux et à dos de cheval. L'important, pour éviter une trop grande mor-
talité, c'est de ne le faire voyager que de
nuit et lentement, ainsi que de changer l'eau
tous les jours, même plusieurs fois par jour,
s'il surabonde dans le tonneau et s'il fait chaud.
Les brochets, les truites, sont les plus difficiles à conduire à bien ; il n'en faut mettre
que fort peu d'individus dans le même tonneau. Je n'ai pas besoin de dire que, si on
peut effectuer totalité ou partie du transport
par eau, il faut préférer cette voie. Il y a
des bateaux qui sont disposés pour cet objet ;
mais rarement les propriétaires d'étangs en ont
à leur disposition.

La carpe, la tanche, le gardon, l'anguille,

le cobite, la lotte et la perche aiment, ou mieux s'accommodent des étangs vaseux; la truite, le brochet, le barbeau, la vandoise, la brême, demandent une eau vive ; on doit en conséquence les placer selon leur goût, si on veut les voir prospérer.

C'est principalement pour la carpe qu'on construit les étangs, parce que c'est elle qui réunit et la meilleure chair, et la plus rapide croissance, et la plus grande multiplication, et le plus facile transport ; elle doit toujours y dominer : après elle vient la tanche, et ensuite la perche. Le brochet, à raison de sa grande valeur dans les villes, peut être mis dans ceux qui n'en sont pas trop éloignés ; mais l'immensité de la consommation de poisson qu'il fait le rend toujours beaucoup plus nuisible qu'utile aux intérêts du propriétaire. Ce n'est que dans de très-grands étangs, et lorsqu'il est en petit nombre, qu'on ne s'aperçoit pas de ses ravages. Lorsqu'on en veut, il faut lui donner pour pâture des gardons, des ables, des goujons et autres petites espèces très-fécondes.

Quant à la truite, il y a si peu d'étangs qui lui conviennent, qu'on ne doit la mettre au nombre des poissons qui leur sont propres que dans les pays de montagnes.

On est dans l'usage de pêcher les étangs de trois à six ans, parce qu'on a remarqué que c'étoit dans cet intervalle que le poisson acquéroit la grosseur la plus convenable à son débit ; plus tôt il n'a pas la chair faite, comme on dit vulgairement ; plus tard , la progression de son accroissement ne dédommage plus du retard de la rentrée de l'intérêt du fonds. Aussi n'est-ce que dans les grands lacs qu'on peut actuellement pêcher des poissons monstrueux. Il est des étangs qui peuvent être pêchés plus souvent que d'autres , ce sont ceux qui contiennent uniquement des carpes , et qui sont très-abondans en nourriture.

En pêchant un étang , on sépare chaque espèce de poissons, et on dispose , pour cet effet , au-dessous de la bonde , plusieurs réservoirs remplis d'eau , réservoirs qu'on peut mettre à sec à volonté ; dans l'un , on jette les brochetons et autres poissons voraces invendables ; dans l'autre , les carpes au-dessous de la grosseur requise pour la vente , l'alvin et la feuille ; dans le troisième, toute espèce de roussailles, c'est-à-dire de poissons qui n'arrivent jamais à une grosseur considérable. Il est essentiel de maintenir toujours un petit courant d'eau dans ces réservoirs , parce que la multitude des poissons les auroient bientôt viciés , et qu'ils périroient tous. On connoît que l'eau commence à être viciée, c'est-à-dire privée de l'air propre à la respiration , lorsque le poisson monte à sa surface , et sort le museau hors de l'eau.

Des propriétaires, lors de la vente de leurs poissons , mettent pour clause qu'on rejettera à l'eau tant de pièces de gros échantillons ; cette méthode est digne d'approbation.

Il est des étangs qu'on ne peut mettre complètement à sec, et qu'il faut par conséquent pêcher avec des filets : ceux-là n'ont pas besoin d'être rempoisonnés ; cependant, il est d'usage de leur rendre tout l'alvin qu'on prend. Leur grand inconvénient, c'est qu'on ne connoît jamais la quantité de poissons qu'ils contiennent, et qu'on en vend la pêche bon marché, à raison de l'incertitude qu'ils offrent aux acquéreurs. Dans ces sortes d'étangs, il doit toujours y avoir du brochet, pour parer aux suites d'une trop forte population.

Les propriétaires riches, qui demeurent sur leurs terres, font pêcher dans leurs étangs avec des filets, à toutes les époques de l'année, le poisson nécessaire à leur consommation ; souvent ceux qui demeurent à la proximité des grandes villes trouvent un immense avantage à les imiter pour la vente ; mais alors il faut que les étangs renferment de belles pièces de luxe.

Lorsqu'on a rendu l'eau à l'étang, par la fermeture de la bonde ou de la vanne, et qu'il commence à se remplir, on y jette l'alvin.

C'est toujours au côté de l'étang exposé au midi, et le plus éloigné des sources, que se trouve le frai, parce que c'est là où la chaleur est la plus forte. Les étangs ombragés, alimentés par des eaux froides, dont le fond est argileux, dont les bords sont à pic, c'est-à-dire offrent plus d'un demi-pied d'eau, sont très-peu favorables à la production et

au développement du frai. J'en ai entendu
citer dans lesquels il n'étoit pas possible d'obtenir des petits. Comme les grosses pierres
sont très-utiles aux poissons, pour comprimer
leur ventre et favoriser la sortie des œufs et
de la laite, les propriétaires doivent en mettre
quelques-unes, de distance en distance, sur
les bords méridionaux de l'extrémité de leurs
étangs, et disposées de manière qu'elles ne
soient couvertes, à l'époque du frai, que de
deux ou trois pouces d'eau.

Le frai est une matière gélatineuse parsemée
de points blancs ou bruns : beaucoup de poissons vivent à ses dépens, pendant le peu de
jours qu'il subsiste.

L'observation que le frai est toujours sur
les bords de l'étang doit engager à tenir
l'eau de l'étang constamment à la même hauteur, à empêcher les bestiaux d'en approcher
pendant tout l'espace de temps qu'il a lieu,
c'est-à-dire depuis janvier jusqu'en juin,
plus ou moins tôt, ou plus ou moins tard,
selon le climat et l'année. C'est alors aussi qu'il
faut faire la chasse la plus rigoureuse à tous les
quadrupèdes et les oiseaux qui vivent de poissons, parce qu'ils en détruisent plus alors en
huit jours, que pendant le reste de l'année,
le poisson étant souvent à moitié hors de
l'eau, et ne faisant aucune attention au
danger pendant qu'il s'occupe de jeter son
frai.

Les grands étangs ne sont pas seulement
productifs par leurs poissons ; ils fournissent

aussi un revenu par les oiseaux d'eau qui y abordent, pendant presque toute l'année, et principalement pendant l'hiver; ces légions de canards, de harles, qui couvrent, de foulques, de poules d'eau, qui peuplent leurs bords, lorsqu'ils sont garnis de roseaux, qui tous vivent aux dépens de la feuille, de la menuisaille et même de l'alvin, sont généralement d'un bon débit, surtout dans les grandes villes.

La plupart des étangs sont remplis par des plantes aquatiques d'un grand nombre d'espéces, les unes très-hautes, les autres ne s'élevant pas au-dessus de leur surface : ces plantes ont l'inconvénient de servir de repaires aux quadrupèdes et aux oiseaux qui vivent aux dépens des poissons; de combler annuellement l'étang avec leurs restes; et même quelquefois, pendant l'été, en corrompant l'eau, et pendant l'hiver, en portant sous la glace des gaz délétères, de faire périr le poisson : mais elles fournissent immédiatement, par leurs feuilles et par leurs graines, de la nourriture aux carpes et autres poissons qui mangent des végétaux, et médiatement en nourrissant des milliards d'insectes, qui servent de pâture à toutes les espèces de poissons; elles ont de plus l'utilité de garantir le poisson des rayons d'un soleil trop ardent, de faciliter la sortie et d'assurer la conservation de son frai, et de le défendre des voleurs; ainsi, leurs avantages et leurs désavantages se compensent. On peut donc

croire qu'il est bon qu'il y en ait, et qu'il
est mal qu'il y en ait beaucoup.

Un grand étang doit avoir un garde spécialement chargé de détruire les loutres, les
rats d'eau, les hérons, les cormorans et animaux pêcheurs autres que ceux dont il vient
d'être parlé, et de veiller sur les voleurs,
sur les pertes d'eau, qu'on nomme *larrons*,
et de plus, pendant l'été, sur les assecs, et
pendant l'hiver sur les grandes eaux ou sur
les effets des fortes gelées.

Les assecs produits par la chaleur ne peuvent pas être empêchés. Le garde doit seulement avertir du moment où le poisson est
dans le danger de périr faute d'eau, afin
qu'on le pêche en tout ou en partie avec
la seine ou autres filets. Ceux de ces étangs
dont l'eau est stagnante, et où se trouvent
une grande quantité de plantes, sont plus
exposés à la mort du poisson, parce que
cette eau se corrompt facilement par l'effet
de l'action combinée de la mort de ces
plantes et de la chaleur.

Les effets des grandes eaux sont peu à
craindre lorsque l'étang est solidement construit, et que le canal de décharge est proportionné à sa largeur; cependant il est des
cas extraordinaires où les eaux surabondent
tellement que ces précautions ne suffiront
pas; alors il faut ouvrir la bonde ou la
vanne, et risquer de perdre beaucoup de
poisson, plutôt que voir détruire la chaussée et perdre tout le poisson.

L'affluve des eaux qui sont apportées dans les étangs y dépose presque toujours, ainsi que je l'ai dit plus haut, un terreau extrêmement fertile : ce terreau est encore amélioré par la décomposition des animaux et des plantes qui vivent dans l'eau, par les déjections des poissons, etc. ; aussi le sol des étangs est-il regardé, dans certains lieux, comme un excellent engrais, et employé comme tel. Partout où on peut les mettre complètement à sec, c'est une excellente opération que de les cultiver pendant quelques années. Une fois desséchés, la culture des étangs ne diffère pas de celle des autres terres, mais elle demande cependant quelques modifications. Le plus souvent la trop grande fertilité dont ils sont pourvus ne permet pas d'y semer d'abord du blé, qui monteroit tout en herbe ; l'avoine lui est préférable, et encore plus les fèves de marais, les vesces, les pois gris et autres fourrages annuels, pour couper en vert. Souvent on est obligé de perdre une année entière, tant pour effectuer le complet desséchement, que pour donner le temps de pourrir aux racines des roseaux et autres plantes, attendu que lorsqu'il y en a beaucoup il est impossible à la charrue de les arracher.

Les prairies naturelles et artificielles réussissent presque toujours sur le sol des étangs desséchés ; cependant ce n'est pas immédiatement ; il faut qu'ils aient été cultivés en céréales pendant deux ou trois ans, afin de diviser la terre et de détruire les herbes nuisibles, dont les graines avoient été entraînées par l'eau.

Pêche des écrevisses et des grenouilles.

Les manières les plus simples et les plus usitées de les pêcher, c'est de les aller chercher avec la main, pendant le jour, dans les trous ou sous les pierres où elles sont cachées, ou pendant la nuit, avec des flambeaux, sur le sol des eaux, qu'elles parcourent alors pour chercher leur nourriture. Dans ces deux cas il faut que l'eau soit peu profonde, mais cela est fréquent; les écrevisses réussissant mieux dans les petits ruisseaux qu'ailleurs, la manière la plus agréable, la plus sûre, et qui fournit de plus belles pièces, est celle dans laquelle on emploie des appâts pour les attirer. Cette manière consiste à placer au milieu d'un fagot d'épines, ou mieux au centre d'un fer garni d'un filet et attaché par trois cordes à l'extrémité d'un long bâton, un morceau de viande pourrie, une grenouille écorchée. Ce fagot ou ce cercle mis au fond de l'eau dans le lieu qu'on sait le plus peuplé d'écrevisses. en est bientôt garni; et lorsqu'on voit ou qu'on suppose qu'elles sont fortement occupées à manger, on les retire de l'eau, et on s'en empare. C'est principalement pendant l'été et le commencement de l'automne que cette pêche est fructueuse.

On peut conserver les écrevisses en masse pendant quelque temps, dans des vases sans eau, placés dans un lieu frais ou garnis d'herbes fraîches, ou dans des vases qui ne contiennent que quelques lignes d'eau. Lorsqu'on les accumule dans une petite quantité d"eau qui les recouvre, elles ne tardent pas à mourir d'asphyxie, parce qu'elles consomment une quantité prodigieuse d'air pour leur respiration, et que l'eau en contient peu. Comme leur décomposition est très-rapide après leur mort, et qu'elle est accompagnée d'une odeur et d'une saveur très-repoussante, on ne mange jamais celles qui sont mortes naturellement. On les fait pour ainsi dire cuire en vie. On prend les grenouilles pendant l'hiver avec une trouble, dans les eaux où elles se sont retirées ; souvent alors d'un seul coup on en amène un cent et plus, quand on sait les lieux où elles se sont réfugiées, lieux toujours les plus profonds des étangs ou des rivières.

C'est en automne, au moment où elles retournent à l'eau, que les grenouilles sont les plus grasses.

Le frai des grenouilles est un excellent engrais.

De la chasse au fusil.

Les accidens sans nombre occasionnés par les armes à feu exigent beaucoup de prudence : 1° éviter la rouille qui mange le fer et fait crever les canons ; 2° visiter la noix souvent, afin que le fusil ne parte jamais au repos; 3° tenir le canon propre, ne pas tirer avec un fusil gras et anciennement chargé; 4° se défier quand un fusil a raté, tenir le bout du canon en haut, craindre pour soi et pour tout ce qui entoure le chasseur, hommes et animaux; car si c'est un long feu, le coup part un instant après; 5° avoir le plus souvent possible l'arme au repos, et le bout du canon en haut, quand on l'y met; tenir le canon de même, quand on court les bois et la campagne, et que l'on escalade des haies, buissons, murs et fossés; le fusil bandé part par des secousses quand on saute, et dans les bois et les haies, la gâchette s'accroche à des branches, ce qui fait partir l'arme, même au repos, si la noix est usée; trop charger, trop bourrer, et du vide entre la poudre et la bourre, fait crever les canons, surtout quand ils sont sales.

Un canon de fusil est suffisant, à l'égard de la portée, quand il a vingt-huit pouces de longueur; un canon de trente - trois à trente-quatre pouces est moins dangereux à charger à cause de sa hauteur. Un canon doit peser trois livres et demie, pour n'être point en danger de crever, comme feroit un plus léger; un gros de bonne poudre suffit pour la charge d'un fusil de chasse : la plus estimée est celle de l'arsenal de Paris. On doit préférer celle qui se fait en été, et la garder dans un baril de bois de chêne bien cerclé, en lieu sec et hors de tout danger de l'humidité et du feu.

Le papier brouillard dont on fait des papillottes fait de meilleures bourres, plus rondes, plus unies que tous les autres papiers. Les étoupes font encore de bonnes bourres. Appuyer la bourre ferme sur la poudre, la battre peu, et le plomb encore moins.

Après avoir tiré, recharger tout de suite, pendant que le canon est chaud et sec ; devenu ensuite humide, la poudre s'y attacheroit ; passer auparavant une plume de perdrix du côté de la barbe dans la lumière.

Amorcer avant de charger, à moins que le fusil ne soit gras, en faisant entrer quelques grains de poudre dans la lumière, en frappant doucement avec le talon de la main gauche du côté opposé au bassinet.

La main qui porte le fusil doit être posée près du dernier porte-baguette.

La couche du fusil courbée et non trop droite, longue suivant la largeur du cou et des bras du tireur.

Une prudence indispensable prescrit encore de n'acheter un fusil qu'après avoir fait éprouver le canon par les procédés connus, et enfin, de ne jamais garder de fusils et de pistolets chargés, surtout dans les chambres où l'on entre fréquemment.

Connoissance du pied de cerf.

Cette connoissance est nécessaire pour bien chasser le cerf : c'est l'ordinaire des vieux cerfs d'avoir la sole du pied grande et de bonne largeur, le talon gros et large, la comblette ouverte, la jambe large, les os gros, courts et non tranchans, la pince ronde et grosse ; et ce que les vieux cerfs ont de particulier, c'est qu'ils ne font jamais une fausse démarche, ce qui arrive souvent aux jeunes : de plus on distingue les vieux cerfs des jeunes par leurs allures ; les premiers n'avancent jamais le pied de derrière plus avant que celui de devant, s'en fallant toujours plus de quatre doigts, au lieu que les jeunes le passent toujours.

La biche a le pied fort long, étroit et creux, et le talon si petit qu'il n'y a point de cerf d'un an qui ne l'ait plus gros ; c'est par ces marques qu'on distingue son allure de celle des cerfs : de plus on reconnoît la biche au viandis ; car le long des broussailles qu'elle a broutées on voit les coupures rondes, au lieu que le cerf ne fait que mâchiller le bout et le sucer. Il est bon encore d'observer, pour ne point se tromper aux pieds des vieux cerfs, que dans les pays montueux et pleins de pierres ils ont les pinces et les tranchans du pied fort usés, ne marchant dans ces endroits que du bout de la pince, au lieu que, dans les pays de sable, leurs pieds paroissent davantage, parce qu'ils s'appuient plus du talon.

Connoissance des fumées.

Les fumées sont les fientes des bêtes fauves, et l'on en remarque de trois sortes : fumées formées, fumées en torche, fumées en plateau.

Lorsque le cerf est aux abois, on crie *allali :* on n'a jamais pu m'expliquer la cause ni l'origine de ce mot ; je crois en avoir découvert l'étymologie : je ne sais point le grec, mais j'ai quelquefois jeté les yeux sur le livre intitulé *Les Racines grecques*, et j'ai vu que le mot *allalé* signifie *victoire ;* il me paroît évident que le cri de triomphe (*allali*), à la mort du cerf, vient de ce mot grec. J'imagine qu'il aura été introduit sous le règne de Charles IX, qui aimoit passionnément la chasse, et qui protégeoit d'une manière si particulière le poète Ronsard. On sait que ce poète introduisit dans ses vers, et même à la cour, une grande quantité de mots grecs, et l'on aura employé, dans le moment le plus brillant de la chasse, ce mot sonore qui s'entend si facilement de loin, et que, par corruption, on prononce aujourd'hui *allali*.

CHAPITRE XVIII.

DES BAUX DE TERRE (1).

Avantage qu'il y ait des fermiers.

Il semble, au premier coup-d'œil, que la culture seroit mieux faite par le propriétaire que par un fermier : l'un travaille pour lui et pour toujours ; il est communément plus en état de faire les avances en capital qu'exige la culture, comme toutes autres espèces d'entreprises, et il n'hésite point à les faire, parce qu'il sait que les profits que la terre rendra avec usure seront pour lui ou ses héritiers : le fermier, au contraire, qui cultive le fonds d'un autre, n'a en vue que son profit personnel et temporaire ; il cherche bien, il est vrai, à tirer des terres le plus de produit qu'il pourra pendant sa jouissance, mais il n'a garde d'y mettre, pour les améliorer, de l'argent et des soins prévoyans, dont l'effet, souvent trop tardif, n'auroit lieu qu'après son bail, et profiteroit à un autre.

Mais en examinant les choses de plus près, et telles que la réflexion jointe à l'expérience fait connoître qu'elles se passent et se doi-

(1) L'excellent article qu'on va lire est entièrement tiré du *Cours d'Agriculture*. Malheureusement les bornes que je me suis prescrites m'ont forcée de l'abréger.

vent passer, on voit que chez un grand peuple civilisé l'agriculture se trouve mieux, relativement à son but, d'être exercée par des fermiers.

Dans un petit état dont le territoire, la population, les arts et les sciences, le commerce, sont circonscrits dans des bornes étroites, les propriétaires, cultivant eux-mêmes leurs héritages, en obtiendroient plus de produits que ne feroient des fermiers ; ils jouiroient d'une subsistance plus aisée, et la population, qui, en tout pays, est en raison des moyens qu'on y a de subsister, seroit relativement plus grande.

Il n'en est pas de même pour une grande nation, où ceux qui ne cultivent pas la terre sont en plus grand nombre que les laboureurs : là il faut que la culture soit faite en grand, afin que de grands excédans de produit puissent suffire tant à la consommation nécessaire pour vivre, qu'aux besoins de superfluité ou d'habitude, qui sont tout à la fois l'effet et la cause de la prospérité d'un État ; les fermes sont alors de véritables manufactures de blé, qui ne peuvent guère être exploitées que par la classe robuste, uniquement adonnée et exercée au labour. Ce sont ces grandes manufactures qui doivent fournir toutes les denrées de subsistances et de fabrications aux autres classes si multipliées des hommes occupés aux fonctions et aux professions nécessaires à l'état social, le gouvernement, l'administration des finances, la

justice , la police , la guerre , la navigation ,
le commerce, les fabriques , les arts, les mé-
tiers , les lettres , les sciences , l'instruc -
tion publique, le culte religieux ; toutes choses qui donnent la vie et l'action au corps
politique , sans lesquelles l'agriculture ne
pourroit s'exercer , et n'eût même pas été in-
ventée , mais qui seroient inconciliables avec
les rudes et continuels travaux de la terre.

Sans doute il est à désirer que les propriétaires soient assez instruits des phénomènes de la végétation et des procédés agro-
nomiques , pour pouvoir y prendre un intérêt éclairé , pour être en état de raisonner
avec leurs fermiers , de donner des ordres
à leur régisseur , sans s'exposer à leur risée.
Pour connoître les différens détails d'une exploitation rurale , et contracter pour l'état
de labour l'estime qui est due à ce premier de tous les arts , il faut aussi que les
savans et les naturalistes observent la nature
sous ces mêmes rapports, et fassent des expériences multipliées , pour en déduire des principes généraux qu'ils publient , en les mettant
à la portée de tout le monde , et dont les
laboureurs sauront faire usage quand la suite
du temps leur en aura prouvé l'utilité économique.

Il y a toujours, chez un grand peuple ,
beaucoup de gros propriétaires possédant ,
en différentes contrées , des domaines considérables, dans chacun desquels il y a souvent plusieurs fermes. Cela doit nécessaire-

ment arriver, et il est même bon que cela soit, non-seulement parce qu'il est naturel que de grands services rendus à l'État, ou des talens distingués, ou des travaux importans, soient récompensés par la gratitude publique, et payés par la fortune ; mais aussi parce que, sans le superflu des hommes riches, il ne pourroit rien s'exécuter de ce qu'exigent l'agriculture, le commerce, les arts, en défrichemens, desséchemens, améliorations du sol, constructions d'édifices, ponts, digues, chaussées, usines de toute espèce, grandes plantations, etc. ; la classe nombreuse de ceux qui vivent du travail de leurs mains, ou qui sont hors d'état de travailler, ne trouveroit ni salaire ni assistance, quand cependant sans eux rien ne pourroit aussi se faire de ce qu'on vient de dire ; en sorte que, s'il est nécessaire qu'il y ait des hommes riches, il ne l'est pas moins qu'il s'en trouve beaucoup qui soient dépourvus de propriété, ou qui n'en aient pas une suffisante ; car il n'y a que l'urgente nécessité qui puisse porter les hommes à de pénibles travaux, et c'est à payer ces travaux que servent les revenus des riches. Salomon a dit : « Partout où un homme a beaucoup de re- « venus, il y a aussi beaucoup de gens que « ces revenus font vivre ; sans cela, que « lui en reviendra-t-il, si ce n'est qu'il voit « de ses yeux ses richesses ? »

Enfin il en coûtera beaucoup plus au propriétaire qu'à un fermier, pour faire valoir un domaine ; le produit d'une exploitation rurale se fonde essentiellement sur l'économie constante appliquée à une infinité de détails, dont aucun n'est à négliger, sur une exacte surveillance du travail des serviteurs du labour, sur la connoissance de ce travail, pour l'avoir fait souvent soi-même, sur l'activité et l'intelligence dans l'achat et la vente des denrées et des bestiaux ; et cette économie minutieuse, peu convenable à un propriétaire aisé, cette exigence sévère du travail, ne se pardonnent, par les domestiques champêtres, qu'à un fermier dont le genre de vie s'éloigne peu du leur, et qu'ils savent avoir besoin d'être économe, parce qu'il a un fermage à payer ; en sorte que, quand c'est le propriétaire qui exploite, ils travaillent moins, et sont plus exigeans sur leur salaire et leur nourriture ; et, comme ce qui s'obtient à moindres frais est toujours plus abondant que ce qui coûte davantage à obtenir, on se lasse de dépenser plus en obtenant moins.

On voit que l'usage des baux à ferme, en même temps qu'il est avantageux aux propriétaires, doit tourner au profit de l'agriculture.

Comment les conventions du bail peuvent ou servir ou nuire à la bonne culture.

La raison dit que les produits de la terre doivent payer tout ce qui a été nécessaire pour les obtenir, soit par la culture, si ce sont des fruits industriels, soit par les frais de garde et de conservation, si ce sont des fruits naturels. Il faut trois choses pour faire naître ou pour conserver des produits : le fonds de terre, un capital et de l'industrie. Si le propriétaire ne retiroit pas de son bien-fonds le profit de l'argent qu'il lui en a coûté, ou à ses auteurs, pour l'acheter ou pour le défricher, il ne pourroit ni se ré-soudre à le cultiver, ni trouver à l'affermer ; si lui ou un fermier ne retiroit pas, en le cultivant, l'intérêt du capital qu'il faut mettre à cette culture, soit en mobilier, soit en argent, aucun des deux ne la voudroit entreprendre ; et sans le travail et l'indus-trie ce capital avancé seroit en pure perte, et le fonds de terre finiroit par devenir im-productif.

Ce fonds consiste non pas seulement dans le sol, mais aussi dans les plantations qui y ont été faites, dans les bâtimens et clôtures qui s'y trouvent, servant à préserver la propriété, à loger le chef de l'exploitation, ses domes-tiques et ses bestiaux, à mettre à couvert les instrumens de labour et à serrer les ré-coltes. Il faut joindre à la valeur de ces choses l'impôt que l'immeuble doit tous les ans au trésor public pour la protection de la propriété par le gouvernement. La part des produits qui appartient à cette première cause de la production s'appelle la rente de la terre, soit que le propriétaire exploite par ses mains, soit qu'il l'afferme, auquel cas cette rente est le fermage.

Le capital se compose des bestiaux, des instrumens aratoires, du mobilier rural, des denrées, fourrages et autres approvisionne-mens nécessaires pour la consommation, des semences, et du salaire des domestiques et journaliers, en attendant la première ré-colte. La part des produits qui doit revenir à cette deuxième cause, concourant à la production, représente l'intérêt annuel de toutes ces avances.

Et à l'égard de l'industrie, la part qui lui revient aussi dans les produits doit payer d'abord le prix du temps et du travail que le fermier emploie chaque année à l'exploi-tation de la ferme, et ensuite le bénéfice qu'il est naturel qu'il trouve dans cette en-treprise, lorsqu'il s'en acquitte avec les soins et l'intelligence qu'elle demande, afin qu'il puisse élever sa famille et se ménager des ressources pour sa vieillesse.

Pour que les fermiers se déterminassent à faire aux terres les améliorations dont elles seroient susceptibles, et qui en augmente-roient la fertilité, il faudroit que leur jouis-sance de la ferme eût une durée telle qu'ils fussent certains de recevoir dans le cours du bail le dédommagement et le bénéfice des dépenses qu'ils auroient faites pour cela ; il importeroit essentiellement à l'agriculture que les baux à ferme fussent plus longs que l'usage ne l'a établi en France. Le Code civil leur a bien donné plus de stabilité qu'ils n'en avoient autrefois, en statuant d'une part que le fermier peut sous-louer et même céder son bail à un autre, si cette facilité ne lui a pas été interdite ; et d'autre part, que si le bailleur vend sa ferme, l'acquéreur ne peut expulser le fermier qui a un bail authentique, ou dont la date soit certaine, à moins que ce droit n'ait été réservé par le bail ; en quoi la loi a mis le droit de bail, qui produit seulement une obligation personnelle de la part du bailleur, tant qu'il est propriétaire de la chose, à l'égal du droit de propriété, qui est un droit réel et foncier, d'où dérive la propriété des fruits que produira le fonds de terre, après que l'acheteur en sera devenu propriétaire. Mais cette loi ayant limité à neuf ans la durée des baux que font les tuteurs des biens de leurs pupilles, les maris de ceux de leurs femmes, tous les autres administrateurs des biens d'autrui et les usufruitiers, il n'y a que les propriétaires jouissant de la capacité requise pour contracter, qui puissent faire des baux plus longs, comme de dix-huit, de vingt-sept ou de trente-six ans, et même plus, pourvu que ce ne soit pas pour un temps indéfini, auquel cas ce seroit une vente.

Cette longueur de baux suppose aussi que les propriétaires seront assez sûrs de la solvabilité, de l'intelligence et de la droiture du fermier, pour se résoudre à lui pro-

longer ainsi la jouissance de leur bien ; ou
que, s'il manque à ses engagemens, ils
pourront résilier le bail sans être obligés
d'avoir avec lui un procès.

La faculté de céder le droit du bail, sans
le consentement du propriétaire, doit toujours être interdite au fermier : il en est de
même de celle de sous-louer, la confiance
dans la capacité et la bonne conduite, encore
plus que dans la solvabilité du fermier, étant
toujours ce qui détermine les propriétaires
sages ; il ne doit pas dépendre de lui de leur
donner, malgré eux, pour fermier, un homme
à qui ils n'eussent pas voulu louer leur ferme.

L'ordre des trois soles est le sujet d'une
condition qui se met presque toujours dans
les baux de terres labourables. Elle se fonde
sur l'usage où l'on a été long-temps, et
qui subsiste encore dans un grand nombre
de localités, de laisser reposer les terres après
qu'elles ont rapporté une fois du blé, et
l'année suivante d'autres grains. Cet usage,
connu sous le nom de jachère, est devenu une
nécessité dans les pays que l'on appelle de
petite culture, parce que la culture y est
très-divisée, et que, n'y ayant pas des fermiers, c'est-à-dire des laboureurs assez aisés
pour payer un fermage, on y loue ses terres
à des métayers, soit à moitié grains, en
leur rendant les pailles, soit au tiers franc,
en ne faisant point cette réserve.

Mais dans les pays de grandes cultures, où
l'on ne manque pas de fermiers aisés, in-

struits et laborieux, ce seroit une erreur que
de les assujétir par le bail à cette pratique
des trois soles dans une des jachères; on doit
bien empêcher qu'ils n'épuisent les terres en
les for-cultivant à la fin de leur jouissance,
comme quelques-uns en seroient tentés, parce
qu'il faut qu'après le bail le fermier entrant les trouve au moins telles que l'autre
les a reçues, afin qu'il puisse en donner au
propriétaire le fermage naturel. On peut
aussi convenir par le bail d'un cours de
moisson, tel que l'expérience a fait connoître, dans le pays, que le sol le comporte
ou le demande; mais il faut laisser à son
fermier la liberté de cultiver comme il le
jugera convenable et possible; de mettre,
s'il veut, en culture des céréales plutôt une
moindre quantité de terrain, en le cultivant à fond, qu'une grande, en cultivant mé-
diocrement, et surtout d'en convertir beaucoup en prairies artificielles, parce qu'elles
lui donneront les moyens de nourrir en tout
temps une plus grande quantité de bestiaux
et d'une espèce meilleure; qu'avec ces bestiaux, dont il pourra d'ailleurs faire un
commerce avantageux, il aura plus d'engrais et récoltera davantage que s'il cultivoit
en gros et menus grains les deux tiers des
terres; et enfin parce que les fourrages artificiels, bien appropriés au sol, loin de dé-
tériorer la terre, comme le feroit une culture trop rapprochée de plantes céréales,
servent au contraire à l'améliorer. Ainsi le

propriétaire ni ses héritages ne peuvent se
mal trouver que le fermier en exploite beaucoup de cette manière ; mais il faut, dans
ce cas, stipuler par le bail que le fermier
laissera en sortant une quantité déterminée
de ces prés artificiels en bon état, et de l'âge
d'un produit moyen et courant.

En général, il faut éviter que le fermier
se prive de ses grains pour acquitter son fermage, afin qu'il puisse profiter du temps et
des circonstances favorables pour les vendre,
car sans cela il y auroit souvent pour lui
de la perte à en faire venir beaucoup ; ni
le charger de constructions, de grosses répa-
rations, de plantations notables et de clôtures,
parce que toutes ces choses sont peu com-
patibles avec ses autres travaux et ses habi-
tudes, et lui consommeroient un temps et
de l'argent précieux pour son exploitation ;
ni enfin d'autres voyages et charrois que ceux
qui seront nécessaires pour l'apport des ma-
tériaux, lorsqu'il faudra que le propriétaire
fasse réparer les bâtimens de la ferme ; et
encore faut-il borner ces voyages de charrois
à des distances raisonnables et à des époques
de l'année où ils pourront se concilier avec
les travaux urgens de la terre. Il vaut toujours mieux que ce soit le propriétaire qui
fasse lui-même construire, réparer, clore et
planter ; il le fera avec plus de soin qu'un
fermier le faisant pour autrui : cela évitera
d'ailleurs des difficultés entre lui et son fermier, pour vérifier si les ouvrages ont été

bien faits, et reviendra au même pour lui, puisque le fermage sera augmenté de tout ce dont il eût fallu le diminuer à cause de ses charges.

Ce qui vient d'être dit sur la longueur du bail, sur l'ordre des soles, et sur le mode d'acquitter le fermage, ne doit point s'appliquer aux baux que l'on fait à des métayers ou à de simples colons, parce que ces sortes de laboureurs, n'ayant ni capital, ni bestiaux, ni quelquefois des instrumens aratoires, ni l'industrie à laquelle des fermiers sont par intérêt plus exercés, ne peuvent payer le propriétaire qu'en grains, ou par un partage avec lui des fruits en nature; et que, ne travaillant pas pour eux seuls, ils n'ont qu'un foible intérêt à cultiver les terres en grains : pourvu qu'ils en récoltent assez pour vivre et nourrir leur famille, ils préfèrent des cultures dont ils auront seuls le produit, telles que chanvres, gros légumes, etc. Il faut ou leur prescrire à ce sujet des obligations expresses qui sont bien rarement exécutées, ou leur imposer des paiemens pécuniaires qu'ils sont hors d'état d'acquitter, car ils sont très-sujets à employer leur temps et leurs bestiaux à faire des voitures pour d'autres qui les leur paient. Il vaudroit mieux, dans ces baux, stipuler une quantité déterminée de grain par chaque hectare de terre.

On ne parlera point ici du bail emphytéotique, parce que c'est une sorte d'aliénation du fonds, et que l'emphytéote, ayant droit d'en jouir pendant longues années, a autant d'intérêt de le bien cultiver et de l'améliorer, qu'en auroit un propriétaire perpétuel.

On ne parlera point du bail à cheptel (1), parce que le Code civil, qui en distingue trois espèces, en a prescrit les règles.

CHAPITRE XIX.

RÉUNION DE TOUTE LA FAMILLE.

Histoire de Dorsaine.

VOLNIS avoit à peine fini le dernier chapitre qu'on vient de lire, lorsqu'on entendit le bruit d'un claquement de fouet, qui annonçoit un courrier de poste : la joie fut extrême, car, depuis huit jours, on attendoit à chaque minute Dorsaine et sa famille. On se lève, on se précipite, on court sur le perron, on appelle le courrier. Volnis demande des nouvelles de son frère : on lui répond qu'il est en parfaite santé, ainsi que sa femme et son fils, et qu'ils vont arriver dans un instant. Une des plus belles soirées du mois de juillet détermine aussitôt Volnis à voler au-devant de ce frère chéri, dont il étoit séparé depuis quatorze ans, et qu'avant l'époque douloureuse de l'émigration il n'avoit ja-

(1) En général, *bail à cheptel* est un bail d'un fonds de bétail; il y en a de plusieurs sortes.

mais quitté depuis son enfance. Elmire, qui aimoit tendrement Lucie, sa belle-sœur, partageoit toute sa joie. Une émotion sympathique agitoit les jeunes cœurs de Charles et de Julie ; cependant ils assuroient l'un et l'autre qu'ils avoient parfaitement conservé le souvenir de leur oncle, et surtout celui de leur cousin Félix ; et ils éprouvoient la plus vive impatience de revoir des personnes unies de si près à leurs parens, et qu'ils étoient si disposés à chérir. Heureux âge où le cœur, sans expérience, se livre avec autant de promptitude que de facilité aux plus tendres affections, où l'on croit, avec si peu de preuves et d'examen, que l'on est aimé passionnément, qu'il semble qu'un instinct secret avertisse que, pour jouir quelques instans de ces douces illusions, il ne faut pas attendre que les premières années du printemps de la vie soient écoulées !

Cependant, comme Volnis, Elmire et leurs enfans marchoient avec beaucoup de rapidité, on entra bientôt dans l'avenue ; tout-à-coup on entend le bruit de la voiture, on s'élance, on crie ; des voix entrecoupées répondent, on avance, la voiture s'arrête, s'ouvre, et l'on se trouve confusément dans les bras les uns des autres ; on s'embrasse ; des larmes délicieuses se confondent ensemble : cette réunion si désirée ne produit pas néanmoins un bonheur sans mélange d'amertume ; la tendresse dont le cœur est rempli, la joie même de se retrouver, rappellent toutes les privations, toutes les douleurs de l'absence , et tant de beaux jours écoulés dans l'exil et perdus pour l'amitié ! . . . . . Dans cette avenue , dont les arbres formoient un ombrage épais , l'obscurité ne permettoit pas de se regarder ; on désiroit et l'on craignoit de se revoir ; on s'étoit quitté dans tout l'éclat de la jeunesse, et quatorze mortelles années s'étoient écoulées depuis! Mais Charles, Félix et Julie étoient exempts de cette crainte, et ils rentrèrent dans un salon éclairé, avec une douce curiosité, dont rien ne pouvoit troubler l'attrait piquant ; Julie alors eut le premier regard de Félix , qui rencontra ses yeux attachés sur lui : ils avoient l'un et l'autre toutes les grâces de la jeunesse et ils trouvèrent mutuellement un charme inexprimable dans la pensée qu'ils devoient s'aimer.

Lucie , toujours belle , avoit conservé, à trente-six ans, tout l'éclat d'une figure éblouissante ; elle parut à peine changée aux yeux même d'Elmire , quoiqu'à cet égard , ainsi qu'à tant d'autres , une femme ait un coup-d'œil si sûr et si pénétrant , que, sans coquetterie et sans jalousie , le plus léger changement sur le visage d'une autre femme ne lui puisse échapper.

Dorsaine, en entrant dans le château , en traversant les cours et les antichambres, s'étoit plus d'une fois écrié douloureusement : *Quoi ! tout est neuf, tout est changé ! quoi ! pas un souvenir ! . . . . Nulle trace de nos premières affections et du bonheur passé ! . . .*

Mais lorsqu'il fut dans la salon, et qu'après avoir encore embrassé son frère, ses yeux se portèrent sur les objets qui l'environnoient, son ravissement fut extrême, il croyoit reconnoître le meuble qu'il avoit vu jadis broder par sa mère ; le velours, les couleurs, le dessin, les bois des fauteuils et du canapé, tout étoit absolument semblable ; mais il avoit laissé ce meuble presque usé, et il le retrouvoit tout neuf ! il apprit, en soupirant, qu'il n'en voyoit qu'une copie, faite par Elmire et sa fille ; mais le modèle sauvé par le bon Girard existoit toujours ; couvert d'une belle housse de satin ornée d'un superbe chiffre en or, il étoit placé, avec honneur, au coin de la cheminée. Elmire et Julie enlevèrent la housse et montrèrent à Dorsaine ce fauteuil vénérable, brodé par une main si chère, et dans lequel, durant son enfance, reposant sur le sein de sa mère, il avoit reçu de si tendres caresses maternelles !.... Dorsaine mit un genou en terre, et prenant la main de sa femme : « O Lucie, lui dit-il, si celle que j'ai vue tant de fois dans ce fauteuil vivoit encore, combien elle vous béniroit en apprenant tout ce que vous avez fait pour moi ! je crois l'entendre vous remercier avec tout l'enthousiasme de l'admiration, toute l'effusion de la reconnoissance, d'avoir, en dépit de la fortune, embelli tous les instans de l'existence de son fils !.... » A ces mots, de douces larmes inondèrent le visage de Lucie ; dans ce moment, entourée de toute

la famille réunie autour d'elle, Lucie auroit
reçu le prix d'une conduite sublime, si la
tendresse de son mari ne le lui eût pas déjà
donné depuis long-temps.

Après cette scène touchante, Dorsaine
éprouva un nouveau saisissement, lorsqu'en
se retournant il vit en face de la cheminée
le portrait de son père !... Il resta long-temps
immobile et fixé devant cette image ; tout
en étoit intéressant pour lui, jusqu'au vieux
cadre, devenu gothique, dont elle étoit entourée !.... Cette soirée se passa délicieuse-
ment, et cependant elle fut mélancolique.
La joie des personnes qui ont beaucoup souffert est toujours mêlée d'une espèce d'attendrissement qui ressemble à la tristesse.

Le lendemain matin, aussitôt que Dorsaine
fut levé, il ouvrit ses fenêtres, qui donnoient
d'un côté sur les jardins, et de l'autre sur
des prairies, au-delà desquelles on découvroit
une rivière, des coteaux, et des points de vue
ravissans ; situation mille fois préférable à celle
de l'ancien château : cependant le premier
mouvement de Dorsaine, en jetant les yeux
sur cette belle perspective, fut de s'écrier :
« Ah ! que cela est triste ! il me semble que
je suis dans une habitation étrangère ; je ne
reconnois rien de tout ce que je vois. » Dorsaine éprouva le même chagrin en se prome-
nant dans les jardins ; mais le soir, lorsqu'on
rentra dans le salon, toutes ces premières
impressions douloureuses furent effacées par
le bonheur de se retrouver tous réunis. Alors

Volnis conjura son frère de compléter le charme de cette soirée, en leur contant de suite toute l'histoire de son expatriation, dont une correspondance souvent interrompue forcément, et un grand nombre de lettres perdues, ne permettoient pas de savoir les détails.

Dorsaine y consentit avec plaisir, car c'étoit lui proposer de parler de Lucie ; il s'assit entre sa belle-sœur et sa nièce ; s'adressant à son frère, il fit le récit suivant :

« Tu sais que notre vertueux père, lorsqu'il nous vit dans l'âge où l'on devoit songer à nous marier, nous tint ce discours, qu'il est bon de répéter à la jeunesse qui nous écoute : « Mes enfans, nous dit-il, quand on autorise des jeunes gens à choisir la carrière dans laquelle ils désirent entrer, suivant leur goût et leurs talens, il est toujours sous-entendu que leur détermination ne blessera d'aucune manière la raison et les convenances sociales ; de même, quand de bons parens permettent à leur enfant de se choisir une épouse, c'est toujours à condition qu'il ne fera qu'un choix que la sagesse puisse approuver ; plus le rang qu'on occupe dans la société est élevé, et moins on est libre de se livrer à ses affections, car les grades éminens ne sont que des concessions faites par l'amour du repos à l'amour de la gloire. C'est ainsi que l'hymen des rois n'est fondé que sur le bien de l'État. Chaque souverain, en s'unissant à une princesse qu'il n'a jamais vue, agit seulement d'abord comme père de ses sujets et comme bienfaiteur de la patrie ; aussi la solennité de ses noces , doublement sanctifiée par ces sentimens magnanimes , doit - elle inspirer parmi ses peuples une reconnoissance universelle. Les particuliers ont un destin moins sévère , ils peuvent jusqu'à un certain point consulter leur inclination ; mais l'intérêt de famille doit néanmoins influer sur leur décision. Tout homme est responsable à sa famille et à sa postérité du choix d'une épouse. Il est vrai que l'antipathie suffit pour exclure toute alliance ; mais l'amour seul ne doit point la former , et jamais il n'est nécessaire à sa félicité. Ainsi , guidés par ces principes , cherchez l'un et l'autre celles qui pourront vous rendre heureux , découvrez-les vous-mêmes , et soyez sûrs d'avance de mon consentement , alors même que j'aurois eu pour vous en secret quelques vues plus avantageuses. »

« Ainsi parla notre excellent père ; il dut par la suite s'applaudir de sa condescendance , et nous devons tout pardonner à la fortune , puisque , au milieu de ces revers épouvantables , nous avons trouvé dans le choix de nos cœurs toutes les consolations et tous les dédommagemens.

« Lucie venoit à peine d'atteindre sa dix-septième année , lorsque je reçus sa main ; j'avois vingt-cinq ans ; notre union , formée sous les plus heureux auspices , nous promettoit le bonheur ; et l'amour , l'amitié , la

raison et la fortune sembloient concourir également à l'assurer.

« Lucie, d'origine irlandaise, avoit reçu
en France ce qu'on appelle dans le monde
l'éducation la plus soignée ; elle savoit parfaitement l'anglais, sa langue maternelle ;
elle aimoit la lecture, elle avoit des talens ;
mais n'ayant jamais vécu à la campagne, elle
ne pouvoit s'y plaire ; il faut en connoître les
travaux pour en goûter les plaisirs.

« Lucie, très-ignorante à cet égard, étoit
fort loin de dédaigner les bonnes ménagè-
res ; mais elle pensoit qu'avec une place à la
cour et de la fortune, il étoit très-inutile
de savoir conduire une ferme et une basse-
cour. J'avois dès lors une opinion différente ;
cependant je sentois qu'avec des devoirs très-
étendus de famille et de société, et avec une
place à Versailles, il étoit en effet très-difficile, surtout dans la première jeunesse, de
vivre dans ses terres durant une partie de
l'année ; d'ailleurs, j'avois un régiment, et
je ne pouvois guère passer à la campagne
qu'un mois de l'automne. Ce temps s'écouloit
dans des fêtes ; les voisins ennuyoient Lucie,
leur conversation lui paroissoit assommante,
parce qu'il auroit fallu, pour les comprendre, demander de longues explications des
mots et des choses ; les dames de châteaux,
de leur côté, ne savoient que lui dire : elles
lui faisoient des visites contraintes et silen-
cieuses. Lucie croyoit les intimider par son
élégance et la grâce de ses manières, mais

tout simplement elle ne les étonnoit que par son ignorance ; la jolie dame de la cour et les provinciales se critiquoient et se déplaisoient mutuellement ; il falloit attirer du monde de Paris, on jouoit la comédie, on faisoit de la musique, on dansoit, et l'on retrouvoit, au fond d'une province, les brillantes soirées du faubourg Saint-Germain.

« J'étois amoureux, et je pardonnois sans effort à Lucie cette apparente frivolité ; il m'étoit si doux de la voir briller dans le monde ! sa conduite d'ailleurs étoit si pure, si dénuée de coquetterie, qu'elle ne pouvoit ni me donner d'ombrage ni même m'inquiéter pour l'avenir. Lucie avoit trop d'esprit et une sensibilité trop profonde pour ne pas préférer au fond de l'âme, à un tel genre de vie habituel, les douceurs et le charme d'une société intime et particulière ; mais elle avoit dans son enfance entendu répéter sans cesse que, pour l'intérêt de son mari et de ses enfans, une femme doit remplir avec exactitude tous les devoirs de société, cultiver la bienveillance des ministres et des gens en place, et rendre sa maison agréable et brillante quand elle le peut. Ces principes, qui, poussés à la rigueur, ont formé tant d'intrigantes, conviennent à beaucoup de femmes ; car il est fort commode, en général, de se persuader qu'on est une épouse parfaite et une excellente mère, en se livrant à une dissipation sans bornes. Mais en ceci, comme en toutes choses, Lucie, de la meilleure foi du monde, croyoit ne pouvoir se conduire autrement. C'étoit avec la même idée de remplir un devoir social, utile pour le présent ou pour l'avenir, qu'elle acceptoit une invitation de bal paré, ou qu'elle alloit faire une visite de cérémonie bien ennuyeuse.

« Entraînés ainsi tous les deux dans ce tourbillon du monde qui nous arrachoit l'un à l'autre, et qui, sans nous désunir, nous séparoit tous les jours, nous laissions échapper le bonheur ! Au milieu de ce tumulte, l'estime restoit inébranlable ; mais l'amour, le véritable amour, fondé sur la confiance intime, entretenu par l'enthousiasme ; cet amour pur et céleste approuvé par le devoir, et que la vertu fortifie, pouvoit-il ne pas s'évaporer dans ces vaines dissipations ?....

« Les grandes passions ont besoin de recueillement ; lorsqu'on s'en occupe profondément, on les forme, on les enflamme ; les grands sentimens même ne peuvent s'allier avec des pensées superficielles : mais une pensée forte et toujours dominante exalte la sensibilité ainsi que le génie ; les longues rêveries sont les méditations de l'amour. Son feu le plus ardent s'éteint bientôt, s'il ne prend soin de l'attiser lui-même.

« On se lasse promptement des seules jouissances de la vanité. Au bout de deux ans, je commençois à me blaser sur les succès de Lucie, et peu à peu je m'y trouvai presque insensible. Il m'étoit devenu possible d'ad-

mirer d'autres talens, et de rendre une entière
justice à l'esprit et à la beauté d'une autre
femme. Mes yeux, dans une fête, se repo-
soient toujours avec complaisance sur Lucie;
mais elle ne fixoit plus sur elle mes regards.
Dansoit-elle, je pouvois louer la grâce d'une
autre danseuse; enfin, je n'étois plus amoureux. Je puis l'avouer, car je ne voyois en
Lucie qu'une femme estimable et charmante;
je n'avois point d'idée de la perfection de
son caractère et de la sensibilité de son âme;
je ne connoissois pas ce courage que rien n'af-
foiblit quand le devoir le commande et le
soutient; cette résignation noble et touchante
qui ne cède point avec l'abattement d'un
esclave à l'aveugle nécessité, mais qui obéit
avec espoir et confiance aux décrets impé-
nétrables d'une sagesse suprême et protec-
trice; je ne connoissois pas cette raison supérieure, et cette ingénuité d'une vertu sublime,
qui ne peuvent voir qu'une conduite simple et nécessaire dans les actions les plus hé-
roïques et les mieux soutenues, dès qu'il est
prouvé qu'elles sont à la fois possibles et utiles. Voilà les trésors inépuisables de bonheur
que nos revers m'ont fait découvrir! Oh!
combien je dois bénir l'adversité!.... Ce fut
à cette époque, dans la cinquième année de
notre union, que la révolution éclata. Nous
étions alors dans une terre; des scènes ef-
frayantes portèrent au comble les terreurs
de Lucie. Bientôt j'eus lieu de craindre que
sa raison n'y succombât; son âme innocente

et pure n'avoit point de courage contre le crime : elle ne comprenoit pas que des hommes pervers fussent capables de suivre un système , et de ne commettre que les forfaits qu'ils jugeoient nécessaires à leurs intérêts ; Lucie ne voyoit en eux qu'une démence furieuse qui menaçoit de tous les excès les plus atroces. Ils viendront, me disoit-elle , ils viendront vous assassiner sous mes yeux et poignarder mon fils dans mes bras ; sauvons-nous, sauvons-nous.... Dans ce moment nous n'avions rien à redouter , j'hésitois à m'expatrier ; mais de nouveaux événemens décidèrent à la fois et ta fuite et la mienne. Tu venois de passer en Angleterre , et je me déterminai subitement à m'embarquer pour l'Amérique. Je ne pouvois emporter qu'une modique somme qui devenoit toute ma fortune ; car je partis sans espérance , et avec la pensée accablante que je ne reverrois plus la France ! L'idée que Lucie ne s'accoutumeroit jamais à ce bouleversement d'existence mettoit le comble à mes maux. Que pouvois-je attendre dans une telle situation, d'une jeune personne (dont je ne connoissois pas l'admirable caractère) qui, n'ayant pas encore atteint sa vingt-deuxième année , avoit toujours vécu, depuis son enfance , dans le luxe et la dissipation de la cour et du grand monde, et que je venois de voir si épouvantée et si foible dès les premiers orages de la révolution !.... Grand Dieu ! me disois-je, comment soutiendra-t-elle les fatigues et les dangers d'une première et longue navigation! Comment supportera-t-elle l'ennui d'une solitude absolue, et toutes les privations de la pauvreté?.... Je sais quelle est sa piété, sa douceur angélique; elle ne se permettra ni plainte ni murmure, mais elle souffrira; je la verrai mélancolique, abattue, malheureuse; je la verrai dépérir et se flétrir dans la première fleur de sa jeunesse! Quel tableau déchirant, quel avenir! et quelle sera ma consolation!.... Ces réflexions désolantes me perçoient le cœur.... Ah! ma vie entière ne suffira pas pour en expier l'injustice.

« Nous nous embarquâmes au milieu de la nuit, non sans obstacle et sans péril. Lorsque nous fûmes dans le vaisseau, Lucie, qui tenoit Félix contre son sein, se jeta dans mes bras, en s'écriant : « Enfin, nous voilà hors de l'atteinte des méchans ! » Je partageai ce mouvement de joie ; mais bientôt le sentiment le plus douloureux oppressa mon cœur, quand je songeai que nous nous applaudissions de pouvoir abandonner sans retour notre patrie, nos amis et notre fortune !.... Des souffrances continuelles et des terreurs inexprimables avoient tellement altéré la santé de Lucie, qu'elle étoit à peine reconnoissable. Elle s'assit sur une petite malle qui contenoit toutes nos possessions, et, couchant son fils sur ses genoux, elle ne fut plus occupée que du soin de l'endormir. À la lueur d'une lampe, dont le balancement du vaisseau rendoit la clarté si vacillante qu'à cha-

que instant elle paroissoit prête à s'éteindre,
je regardois tristement cette jeune infortunée,
si pâle, si changée, que j'avois vue si brillante de santé et de fraîcheur quelques mois
auparavant..... Le vent s'élevoit, tout annonçoit une tempête !.... Je venois de livrer à
nos persécuteurs l'héritage de mes pères ;
j'avois perdu mes biens, mon rang, tous
les avantages de ma naissance ; errant, dépouillé, j'allois chercher un autre monde, et,
dans l'espace étroit d'une petite chambre de
vaisseau, je contemplois tout ce que m'avoit
laissé la fortune, mon enfant, ma femme,
et la cassette légère sur laquelle je la voyois
assise !.... Et tout ce qui me restoit dans l'u-
nivers, je le confiois à l'onde orageuse, à
ce terrible élément, trompeur comme le sort
qui nous avoit déçus, et menaçant comme
notre avenir !....

« Cependant le vent redoubloit avec furie,
et bientôt ses sifflemens dans les cordages,
et les craquemens des mâts, produisirent le
bruit le plus effrayant. Je vis avec surprise,
sur le visage de Lucie, l'expression du calme
et de la sérénité ; elle tenoit toujours dans
ses bras son enfant endormi ; mais le roulis
devint si violent que Félix se réveilla en
pleurant ; sa mère alors s'assit à terre ; je
me mis à genoux à côté d'elle, pour l'aider
à contenir l'enfant, qui s'agitoit avec frayeur.
« Apaise-toi, mon fils, lui dit-elle, Dieu nous
protége ; il nous a sauvés du fer des assas-
sins, nous sommes sous sa garde ; nous fuyons

le crime et l'impiété ; ah ! bénissons ces vagues soulevées et ces vents impétueux qui nous éloignent d'une terre souillée de meurtres et de sang !.... L'orage n'a rien de redoutable, puisqu'il nous fait voguer avec plus de rapidité. »

« La tempête dura plus de vingt-quatre heures, et pendant tout ce temps Lucie ne donna pas le moindre signe d'émotion. Le reste de notre navigation fut parfaitement heureux.

« Comment un Français pourroit-il aborder avec indifférence dans une autre partie du monde, avec le projet de s'y fixer à jamais ? J'éprouvai, en débarquant, un sentiment indéfinissable ; je n'étois pas insensible au plaisir de voir enfin ma femme et mon fils en sûreté ; mais en me retournant vers la mer, en jetant les yeux sur cet immense océan qui me séparoit de l'Europe, il me sembloit que j'avois quitté la vie ; cet éloignement rompoit pour moi, comme la mort, tous les liens de patriotisme, de famille et de société. Le désir de gloire, l'amour-propre même, ne pouvoient plus animer mon existence. Qu'importent les applaudissemens d'une multitude étrangère, si l'on est privé de l'approbation de ses concitoyens, et de tous les suffrages qu'on a toujours ambitionnés ?

« Mon premier établissement fut à Boston, ville riche et commerçante, et dans une situation ravissante et pittoresque. Après avoir passé quelques jours dans une auberge, je résolus de me mettre en pension chez une bonne veuve, nommée madame Muller. Un honnête négociant, qui m'avoit donné ce conseil, me conduisit chez madame Muller, pour me servir d'interprète, car elle ne parloit que l'anglais, dont alors je ne savois pas un mot. Je n'avois pas voulu charger Lucie, qui parloit si bien l'anglais, de faire cet arrangement, persuadé qu'au fond de l'âme il lui déplairoit. J'allai chez madame Muller; je trouvai en elle une vieille femme dont on me vantoit la bonté, mais de la tournure la moins distinguée, et qui me parut excessivement bavarde et ennuyeuse. Quelle société pour Lucie! car il fut convenu que nous partagerions le dîner et le souper de madame Muller, et que par conséquent nous passerions une grande partie de la journée avec elle. Je me rappelois avec un extrême chagrin l'ennui qu'avoient fait éprouver à Lucie nos anciennes voisines de province, dont plusieurs cependant étoient fort aimables; et je pensois qu'elle ne pourroit supporter une femme qui ne l'entretiendroit que de son ménage et de sa cuisine, qu'elle faisoit en grande partie elle-même. Enfin j'annonçai à Lucie, et non sans embarras, que nous allions passer quelques mois chez madame Muller, et que nous y resterions jusqu'à ce que j'eusse trouvé une petite habitation à la campagne aux environs de Boston; car, décidé à cultiver un jardin

un peu étendu, c'étoit ainsi que je voulois
placer le peu d'argent que j'avois pu sauver.
Lucie me répondit avec sa douceur accoutumée, et le jour même nous fûmes installés
chez madame Muller. Je vis aussitôt cette
dernière parler à Lucie avec une inconcevable volubilité. Lucie lui disoit de temps
en temps quelques mots, et paroissoit l'é-
couter attentivement; je ne doutois pas
qu'elle ne se fît une violence mortelle; et ces
conversations, qui se renouvelèrent constamment avec la même vivacité, pendant
quatre mois, me faisoient souffrir au-delà
de toute expression. Cependant, au milieu de
ces peines secrètes, j'éprouvois une grande
consolation en voyant Lucie reprendre de
l'embonpoint, de la fraîcheur, et enfin toute
sa beauté et une santé parfaite. Je n'attri-
buai cet heureux changement qu'à sa jeunesse, au genre de vie si réglé que nous
menions, et à la joie qu'elle ressentoit d'être
délivrée des terreurs dont elle avoit tant
souffert : et je restai toujours convaincu
qu'elle étoit excédée du commérage et du ba-
vardage de madame Muller. Lucie me pro-
testoit en vain, non-seulement le contraire,
mais qu'elle avoit une véritable amitié pour
cette bonne femme, et qu'elle se plaisoit
avec elle. J'étois obligé de sortir tous les
jours pour mes affaires, pour prendre des
informations sur les chaumières à vendre,
et même pour acquérir quelques connoissances relatives à la culture d'un jardin;

quand je rentrois, je ne trouvois jamais Lucie seule; elle étoit toujours ou dans sa chambre avec madame Muller, ou renfermée chez madame Muller. Quand je voulois mettre un terme à ces importunités si constantes de madame Muller, Lucie s'y opposoit fortement; tantôt je ne voyois dans cette conduite qu'une aimable indulgence, et tantôt je me persuadois qu'au fond elle aimoit mieux la plus ennuyeuse société qu'une entière solitude. Et j'allois la confiner pour jamais au fond d'une chaumière! j'allois ensevelir sans retour tant de grâces, de charmes et de talens!.... et je n'étois pas même en état de lui donner une compagne subalterne! Je ne pouvois prendre qu'un seul domestique pour m'aider dans mes travaux de jardinage, et qui fût capable aussi d'apprêter nos frugals repas. Que deviendroit Lucie dans cet humble asile; que feroit-elle tandis que je serois occupé pendant des heures entières à cultiver mon jardin! quels seroient nos entretiens, quelle confiance ou quelle correspondance de goût et d'occupations pourroit les animer! Elle me dissimuleroit ses ennuis! je lui cacherois mes chagrins, notre commerce n'auroit plus ni les charmes de l'amour, ni les douceurs de l'amitié; une contrainte insupportable devoit à l'avenir en empoisonner tous les instans. Notre enfant même deviendroit peut-être entre nous un sujet de discorde. Lucie s'occuperoit trop de lui donner des talens agréables, des goûts et une élé-

gance de manières qui ne convenoient plus
à notre situation; moi, je le destinois à des
études sévères, et je ne voulois lui inspirer
que le goût de l'agriculture. Telles étoient
mes pensées, elles me consternoient; elles
firent naître en moi mille fois le regret le
plus sincère de n'avoir pas épousé une bonne
campagnarde, dépourvue d'esprit et de tout
agrément, mais qui auroit pu se trouver heureuse en s'occupant de son ménage. Je savois
supporter tous les revers de la fortune, je
ne supportois pas l'idée de ne pouvoir plus
faire le bonheur de la compagne de ma vie.
Nous étions depuis plus de quatre mois chez
madame Muller, et l'intimité entre cette
dernière et Lucie étoit toujours la même.
La bonne veuve adoroit Lucie, et souvent,
en lui secouant la main et en me regardant,
elle sécrioit : *Happy husband! happy husband* (1)! Hélas! j'étois bien loin alors d'être
heureux!.... Enfin, j'achetai à une petite
demi-lieue de Boston une chaumière avec un
grand jardin. Je fis l'acquisition d'un nègre
de quarante ans, bon jardinier, que j'élevai
en outre au grade de cuisinier, car il m'as-
sura qu'il *feroit très-bien cuire de la viande
et des légumes.* J'achetai quelques meubles
grossiers, une petite charrette et un vieux
cheval qui, conduit par Joseph (c'étoit le
nom de mon nègre), devoit, deux ou trois
fois la semaine, aller au marché vendre
nos fruits et nos légumes, et en même temps

(1) Heureux époux.

nous rapporter de la ville notre petite provision de pain et de viande.

« Ce fut sur la fin du mois d'août que nous quittâmes madame Muller pour aller nous établir dans notre nouvelle propriété. Madame Muller et même sa servante Betzy fondirent en larmes en recevant les adieux de Lucie, qui, de son côté, étoit vivement attendrie ; madame Muller répéta mille fois en sanglotant : *happy husband,* et nous partîmes.

« Il me seroit impossible de dépeindre ce qu se passa dans mon âme et dans mon imagination, en approchant de ma chaumière. Je l'avois trouvée agréable et commode la veille, et maintenant elle me paroissoit triste, affreuse : j'allois y renfermer Lucie !... Je me représentois notre ancienne habitation, et je me sentois humilié comme si j'eusse été coupable du bouleversement de notre fortune. Je n'osois regarder Lucie, dans la crainte de remarquer quelque altération sur son visage.... La voiture s'arrêta, nous descendîmes, et nous entrâmes dans la chaumière !.... Lucie alors m'embrassa en disant : Le ciel soit béni, il nous donne un doux asile !.... Je connus au son de sa voix qu'elle pleuroit. Je pris cet attendrissement pour des regrets et de la douleur ; cette idée me glaça et m'inspira je ne sais quel mouvement de colère qui ferma mon cœur à toute sensibilité. Néanmoins je me hâtai de la conduire dans son petit appar-

tement et dans un cabinet beaucoup plus
orné que le reste de la maison ; elle y trouva
des porcelaines et des fleurs. Elle s'aperce-
voit non de mon humeur, mais de ma tristesse, et voulant me distraire : Mon ami, dit-
elle en souriant, voilà du *luxe*, je n'approuve
pas cela. Disposé à l'aigreur, je trouvai dans
ce mot *luxe* l'ironie la plus déplacée, et je
ne répondis rien. Lucie vit un piano : Ah !
dit-elle, voilà une chose qui me paroît utile,
parce qu'elle pourra vous amuser quelquefois...... *M'amuser !* repris-je avec amertume ; non, mes amusemens désormais seront tous dans des travaux nécessaires. Lucie,
sans comprendre l'espèce de reproche contenu dans cette réponse, s'assit devant le
piano, et se mit à jouer. Dans ce moment
je la regardai et je l'écoutai en tressaillant....
Jamais un beau morceau de musique, exé-
cuté par une femme charmante, n'a pu produire une impression plus pénible..... Elle
jouoit un rondeau délicieux que j'avois aimé
passionnément, et qui me rappeloit nos beaux
jours passés, et c'étoient les siens que je re-
grettois avec désespoir !.... Je ne l'avois pas
entendue jouer du piano depuis la révolution...
je la voyois aussi jeune, aussi belle.... Sa
vue, cette douce mélodie, me transportoient
dans un brillant salon à Paris ! le passé se
retraçoit à moi, se renouveloit, pour me
faire mieux sentir tout le malheur de notre
situation présente ; en l'écoutant, en la con-
templant, je cherchois en vain autour de

moi mon frère, son épouse, leurs enfans, mes amis !..... J'étois seul, et dans une chaumière, et à deux mille lieues de mon pays !.... J'éprouvai un tel saisissement, que tout-à-coup, ne pouvant plus me contenir, je sortis avec précipitation.

« Nous nous rejoignîmes pour le souper ; je n'eus pas, ce soir-là, le cruel embarras de la détestable cuisine de Joseph, parce que j'avois apporté de Boston un souper froid. Ayant encore plusieurs affaires à terminer à la ville, j'y allai le lendemain à la pointe du jour, en annonçant à Lucie que je ne reviendrois qu'à l'heure du dîner. Mes affaires étant terminées promptement, je revins long-temps avant l'heure à laquelle Lucie m'attendoit. J'étois accablé de tristesse, en pensant que j'allois lui donner à dîner l'apprentissage de notre cuisinier, qui ne savoit, en effet, que faire cuire dans de l'eau de la viande et des légumes. Assurément cette mauvaise chère m'étoit bien indifférente pour moi ; mais il me paroissoit affreux d'y condamner une jeune personne si délicate et accoutumée à un genre de vie si différent !.... J'entrai dans la chaumière avec un serrement de cœur inexprimable ; je me disois que j'allois y retrouver, non une épouse heureuse et satisfaite, mais une innocente victime d'un sort déplorable, une compagne infortunée, résignée, soumise, et en même temps succombant sous le poids des regrets et de l'ennui !....

« Je demandai Lucie. Joseph me répondit

qu'elle étoit dans une petite chambre à côté de la cuisine : la porte en étoit entr'ouverte; j'entre doucement, et figurez-vous ma surprise en voyant par-derrière une charmante paysanne, ayant pour vêtement un jupon court d'une étoffe grossière, un grand tablier, un juste de bure, et des souliers de cuir; une taille parfaite, de beaux cheveux blonds, des bras nus d'une blancheur éblouissante, ne me permettoient pas de méconnoître Lucie!.... Mais pourquoi ce costume, que faisoit-elle ? Je l'ignorois, j'avance ; Lucie entend du bruit, se retourne, et je vois qu'elle pétrit du pain!.... Je reste immobile, avec un battement de cœur qui me force à m'appuyer contre le mur.... Lucie, joignant les mains d'un air suppliant, s'écrie avec un sourire angélique : « Mon ami, ne vous moquez pas de moi.... Ce n'est pas mon coup d'essai ; je vous assure que je sais faire le pain aussi bien que Betzy.... » Je tombe à ses pieds en fondant en larmes. Elle croyoit faire une action si simple, que ce mouvement la confondit. « Mais, mon ami, disoit-elle, ai-je songé à vous remercier de travailler à notre jardin? vous pouvez bécher, je puis faire du pain ; de quoi vous étonnez-vous » ?

« O Providence impénétrable! m'écriai-je, par quel chemin m'as-tu conduit à ce degré de bonheur!.... et j'ai murmuré!.... Je puis donc ne plus repousser le souvenir de nos beaux jours passés ! ce moment efface tout!.... Fortune, grandeurs, biens matériels, à quel

point je vous méprise !.... O ma Lucie, te
voilà donc parée de ta seule vertu ! ce n'est
donc plus que ton âme céleste qui donne
à ta ravissante figure ce charme unique fait
pour elle, qui rend incomparables et ta grâce
et ta beauté ! Ah ! que je bénis le sort qui
m'a tout ôté, pour te donner tout, pour t'é-
lever au-dessus de toutes les femmes, et
pour leur servir à jamais de modèle !.... »
Pendant ce discours, prononcé avec un ac-
cent passionné et une véhémence que Lucie ne
m'avoit jamais vue, elle m'écoutoit avec une
surprise égale à son profond attendrissement ;
de douces larmes inondoient son visage ; elle
me fit asseoir à côté d'elle, et serrant mes
mains dans les siennes : « Ta reconnoissance,
me dit-elle, me touche jusqu'au fond du
cœur, mais je ne la conçois pas ; dans tout
ce que nous faisons l'un pour l'autre, quel
mérite pouvons-nous avoir ?.... Tu penses
peut-être que ces nouvelles occupations me
paroissent pénibles, tu te trompes ; d'abord,
elles ne me fatiguent point, et ensuite je
me sais beaucoup plus de gré d'avoir, en
quatre mois, si bien profité des leçons de
la bonne madame Muller et de sa servante,
que d'avoir appris, en dix ans, à jouer du
piano. D'ailleurs, il y a un charme réel attaché à tout ce qu'on fait de véritablement
utile ; ce charme augmente quand ce qu'on
fait est nécessaire, et il devient inexprimable lorsqu'on travaille pour ce qu'on aime.
Ne l'éprouves-tu pas en cultivant ton jardin?

Mon ami, je sens que dans l'intérieur de cette jolie petite habitation je serai mille fois plus heureuse que je ne l'ai jamais été. Je n'aurai pas un moment d'oisiveté, de contrainte et d'ennui; il y aura un accord délicieux dans nos goûts, dans nos occupations, dans cet échange continuel de services rendus, dans ce besoin mutuel l'un de l'autre; enfin, dans cette création d'une nouvelle destinée, si noble et si douce. »

« Tandis qu'elle parloit avec cette sensibilité enchanteresse, je la contemplois avec extase; je ne l'avois jamais vue si belle que sous cet habillement rustique, et même indépendamment de l'admiration passionnée qu'elle m'inspiroit, cela devoit être. Lorsque jadis, dans une fête brillante, je l'avois comparée à d'autres femmes, j'avois pu trouver quelquefois une beauté égale à la sienne; mais dans ce costume, quelle villageoise pouvoit lui ressembler? quelle paysanne pouvoit avoir ce maintien, ces grâces, ce langage et cette élégance de manières; enfin, avoit-on vu jamais des mains si délicates et d'une blancheur si éblouissante pétrir du pain?....

« Quel changement dans mon sort! quelle puissance divine que celle de la vertu unie à la sensibilité! Cette chaumière qui me paroissoit si triste quelques instans auparavant venoit de s'embellir à nos yeux! j'y retrouvois, avec l'amour, la paix, la joie et la sécurité pour l'avenir!.... « O toi! disois-je, toi, qui viens de me dévoiler une âme si tendre, des sentimens si sublimes, il me semble que de cet instant seul notre union commence ! Le jour fortuné de notre hymen fut célébré avec pompe et magnificence ; une froide estime, un amour vulgaire nous persuadèrent que nous étions heureux ! Non, Lucie, non, ce nœud sacré n'enchaîna que notre destinée ; mais cet amour si pur, que chaque réflexion exalte, et que le temps ne peut affoiblir, c'est ici qu'il vient de naître ; cette union intime de deux âmes créées l'une pour l'autre, c'est ici qu'elle vient de se former !.... Le monde nous séparoit, nous empêchoit de nous connoître, pourrions-nous le regretter !... »

« Nous nous oubliâmes long-temps dans cet entretien, dont le souvenir enchanteur ne sortira jamais de ma mémoire. Enfin, Lucie se leva en disant : « J'avois heureusement préparé notre dîner ; mais il faut que j'aille l'achever.... — L'achever ! comment ? — Oui, mon ami, je fais aussi fort bien la cuisine.... — Se peut-il ?.... — Si tu savois comme toutes ces choses-là sont aisées, quand on y met de l'application et un peu d'intelligence ! Il faut un temps énorme pour faire une cuisinière d'une servante bien stupide et bien maladroite ; mais je t'assure que toutes les choses frivoles dont on nous fait des occupations sont mille fois plus difficiles que tous les travaux du ménage. Allons, mon ami, va nous cueillir une salade, et moi je vais à ma cuisine. » En disant ces mots, elle m'embrassa, je la serrai contre mon cœur,

sans pouvoir proférer une parole. Elle s'é-
chappa de mes bras ; je restai, un charme
invincible me retenoit attaché à la place qu'elle
venoit de quitter ; j'avois besoin de me recueillir, de me calmer, afin de penser à
mon bonheur. J'éprouvois une espèce d'ivresse
qui m'empêchoit d'en considérer tous les détails ; je ne pouvois que le sentir, je ne pouvois que regarder ces pains qu'elle venoit de
pétrir, et que répéter : Son cœur répond au
mien !.... elle sera heureuse !.... je ne la verrai point languissante, abattue ; elle sera heureuse !....

« Joseph vint m'arracher à ma rêverie
pour m'avertir que le dîner étoit servi. J'ar-
rivai dans notre petite salle à manger au moment où Lucie, suivie de Félix, posoit un
pain sur la table ; sa blancheur éclatante étoit
rehaussée encore par le vif incarnat qui colo-
roit ses joues...., et un certain air enfantin de
triomphe, de satisfaction et de gaîté répandu
sur toute sa personne formoit un contraste
piquant avec l'expression naturelle de douceur et d'ingénuité de sa physionomie. Quel
dîner délicieux ! quel enchantement !.... « Cher
ami, me dit Lucie, voilà un pain que j'ai
mis au four ce matin, vois comme il a bonne
mine !.... Et mon dîner, qu'en dis-tu ?.... »
En parlant ainsi, elle asseyoit Félix à table,
et elle se hâta de couper un morceau de *son
pain* pour le lui donner ; Félix aussitôt en
mangea en disant d'un petit ton sérieux et
sentimental : *Il est bien bon, maman....* Puis

il ajouta , en me regardant : *C'est maman
qui l'a fait.* Lucie attendrie sourit , et ses
yeux se remplirent de larmes.... Je pris avec
transport Félix sur mes genoux : « Que je
t'aime! lui dis-je, toi qui parois déjà sentir
le bonheur d'avoir une telle mère ! oh !
comme je te chérirai quand tu seras en âge
d'apprécier véritablement tant de vertus ;
quand nous parlerons d'elle , et que nous
pourrons l'adorer ensemble !.... » Le dîner
étoit excellent , mais je ne mangeai que pour
plaire à Lucie. J'étois si ému , si oppressé
par un attendrissement que chaque minute
sembloit accroître , que je n'étois même pas
en état de parler.

« Après le dîner , nous allâmes dans le
jardin , et Lucie s'asseyant sur un banc : « Il
faut, me dit-elle , qu'à présent tu saches tout.
Je t'ai caché jusqu'ici tous ces détails , parce
que je craignois à cet égard ton incrédulité :
tu n'aurois pas cru qu'il fût aussi facile d'acquérir en quelques mois toute la science de
la bonne madame Muller ; vingt fois , dans
les derniers temps , tu as mangé , sans le
savoir , des ragoûts de ma cuisine et du pain
fait par moi ; si je te l'eusse dit , tu aurois
toujours cru que l'on m'avoit aidée ; et d'a-
près cette idée je me déterminai à ne te
montrer mes nouveaux talens que lorsque nous
serions dans notre habitation. » Ici, j'inter-
rompis Lucie pour lui dire que j'étois décidé
à renvoyer Joseph, afin de prendre à sa place
une servante sachant faire un peu de cui-

sine et du pain : « Du moins, continuai-je, elle t'aidera, et Joseph en est incapable; quant au jardin, je vois que j'y puis suffire tout seul. » A ces mots, Lucie se récria : « Non, non, répondit-elle, je te serois beaucoup moins utile, et je ferois tout avec moins de plaisir. Je charge Joseph des gros ouvrages, et c'est tout ce qu'il me faut. Je compte faire bien d'autres choses, et tous ces soins de ménage me prendront à peu près chaque jour le temps que tu consacres au jardinage, c'est-à-dire environ quatre heures. Nous remplirons le reste de nos journées par d'agréables promenades et par nos anciennes occupations, nous dessinerons, nous lirons, je ferai de la musique, nous causerons, et le temps, qui pèse si cruellement à l'oisiveté, s'écoulera pour nous avec le charme et la tranquillité des songes heureux de l'innocence ! le souvenir en sera doux, mais si monotone et si dénué d'événemens, qu'en nous rappelant des années entières, il semblera ne nous retracer qu'un beau jour !.... Écoute, mon ami, poursuivit-elle, je dois te faire un aveu ; j'ai vendu tous ces vêtemens inutiles que nous avions apportés de France, et j'ai acheté un bon trousseau de ménagère.... — Quoi, tu seras toujours mise ainsi?... — Et pour quelles visites et quelles cérémonies serois-je forcée de m'habiller autrement ? Mais j'ai *un habit des dimanches*; il est tout blanc, bien fait à ma taille, d'une jolie forme; il te plaira.... Écoute, ce n'est pas tout; mes habits de jardinière n'ont pas employé tout l'argent de mes belles robes ; en outre , j'ai vendu quelques petits bijoux qui me restoient, et de tout cela j'ai pu acheter une bonne vache et des poules.... Ne te récrie pas ; par les soins de Betzy, je sais traire une vache, faire des fromages et conduire une petite basse-cour. Notre petit pré nourrira parfaitement notre vache et notre vieux cheval ; nous ferons une excellente chère ; j'irai moi-même deux fois la semaine sur la charrette au marché de Boston vendre nos fruits et nos légumes ; pendant ce temps, tu ne seras point privé de Joseph, qui pourra travailler avec toi ; nous vivrons dans l'aisance , ne manquant de rien de ce qui peut même matériellement rendre la vie agréable ; et puis, cher ami , la paix de l'âme et de la conscience, les doux épanchemens du cœur, la tendresse mutuelle....; et notre enfant , si joli, si bien né, qui ne connoîtra, qui n'aimera que nous, qui croîtra sous nos yeux, loin de la corruption et des mauvais exemples.... Ah ! si nous ne sentions pas toute l'étendue de notre bonheur, combien nous serions ingrats envers la Providence, qui, dans ces temps désastreux , a daigné pour nous réaliser ainsi l'âge d'or !.... » Elle prononça ces mots d'une voix entrecoupée , elle me serra la main ; j'appuyai mes lèvres sur la sienne, et je la baignai de pleurs !.... O délices d'un amour légitime formé par la vertu, qui pourra jamais vous décrire !..... Au milieu des vaines dissipations du monde, mon amour avoit pu s'affoiblir, et l'enthousiasme de la plus juste admiration le rallumoit avec une ardeur dont je n'avois jamais eu l'idée ! c'étoit le feu sacré éteint par des mains profanes, et se ranimant aux rayons si purs d'une flamme céleste.

« Nous eûmes la joie le lendemain de voir arriver madame Muller, c'étoit le seul tiers qu'il me fût possible de ne pas trouver importun ; elle savoit apprécier Lucie ; elle me secoua les mains avec plus de force que jamais, elle répéta mille fois *happy husband* : mais quelle expression pouvoit peindre à quel point j'étois *heureux !*.... Lucie voulut absolument, comme elle l'avoit dit, aller elle-même au marché vendre les produits de notre jardin ; elle avoit jadis à la campagne mené avec succès des calèches, et elle n'eut pas de peine à conduire notre pacifique cheval. Vêtue de son habit le plus grossier, ayant sur sa tête un grand chapeau de paille, et à son bras un panier rempli d'herbages, belle comme un ange, et avec un maintien de vierge et de reine, elle monta, dès la première fois, sur sa charrette, et s'y établit au milieu d'un monceau de choux et de carottes, avec l'aisance et toute la simplicité que pourroit donner une longue habitude. Ce qu'il y avoit de plus étonnant en elle, n'étoit pas sa conduite incomparable, mais la naïveté, la bonhomie sublime qui accompagnoient toutes ses actions : elle eut en effet une vache et des poules, elle fit tout ce qu'elle avoit annoncé; une servante n'entra jamais dans la chaumière que pour faire la lessive sous ses ordres. Lucie avoit puisé toutes ses connoissances non-seulement dans les entretiens et les leçons de madame Muller, mais encore dans des livres qu'elle avoit achetés et qu'elle relisoit sans cesse , entr'autres *la Bonne Fermière* de M. Parmentier. Que j'aimois ces vertueux auteurs qui n'employoient leur esprit, leur instruction et leurs veilles qu'à tâcher d'inspirer des goûts qui peuvent donner dans le malheur des ressources si honorables !

« Lucie suffisoit à tout, et sans paroître un instant surchargée ; l'emploi de ses journées étoit réglé avec tant d'ordre et d'intelligence qu'elle n'avoit, dans aucun moment, l'air affairé. Je jouissois d'autant mieux de tout ce qu'elle faisoit, que je ne voyois jamais en elle l'apparence de la fatigue ou la plus légère altération d'humeur. Sa douce gaîté étoit toujours égale ; je remarquois même que sa santé étoit extrêmement fortifiée, et son teint, toujours éblouissant, avoit acquis un degré de plus d'éclat et de fraîcheur.

« Je ne me suis jamais blasé sur le plaisir de la suivre et de la contempler dans ses diverses occupations, dans la cuisine, dans la laiterie, dans la basse-cour, ou dans son cabinet, peignant une fleur que j'avois cultivée pour elle, ou jouant du piano. Combien ses talens donnoient de prix à ses travaux de ménage, et combien les soins et les grâce à tes soins, rappelé dans ma patrie : un génie réparateur venoit d'étendre un voile sur les crimes passés ; toutes les traces de sang étoient cachées sous des trophées de gloire ; on pouvoit s'enorgueillir d'être Français, et mon cœur s'ouvroit à toute la joie que devoit m'inspirer le bonheur de retrouver à la fois mon pays et ma famille.

« Nous quittâmes notre petite habitation quelques minutes avant la naissance du jour, et non sans une vive émotion. « Plaise au ciel, dit Lucie, que ce modeste enclos ne soit jamais acquis par un riche propriétaire, qui détruiroit tout ce qu'il offre d'utile, et qui ne feroit de notre chaumière qu'une fabrique, qu'un vain simulacre ! Demeure chérie ! poursuivit-elle, où j'ai passé des jours si sereins, puisse la paix et l'union régner à jamais autour de ton humble foyer ! puisses-tu rester toujours dans des mains sages et laborieuses, et ne servir d'asile qu'à de chastes amours !.... »

« Notre traversée fut heureuse et rapide, les vents sembloient nous porter au gré de nos désirs : en apercevant les côtes de France, je crus non-seulement reprendre une nouvelle vie, mais rajeunir ; et malgré la félicité si pure dont j'ai joui dans mon exil, je sens aujourd'hui que le bonheur ne peut être complet qu'au sein de sa famille et dans sa patrie. »

FIN DU QUATRIÈME ET DERNIER VOLUME.

TABLE

DES CHAPITRES

CONTENUS DANS LE QUATRIÈME VOLUME.

FIN DE LA TABLE DES CHAPITRES DU QUATRIÈME VOLUME.